Klaus Englert
Ludwig Grieser
Günther F. Hastreiter
Doris Heller

Asparagus

Vom Zauber des Spargels

Herausgegeben von
Hans-Peter Wodarz

Klaus Englert
Ludwig Grieser
Günther F. Hastreiter
Doris Heller

Asparagus

Vom Zauber des Spargels

Mit Aquarellen von Kurt Sauer und
Textbeiträgen von Renate und Theo Hilgers

Herausgegeben von

Hans-Peter Wodarz

edition q

Die Deutsche Bibliothek –
CIP-Einheitsaufnahme

Asparagus : vom Zauber des Spargels / Klaus Englert ... Mit Fotogr. von Günther F. Hastreiter, Aquarellen von Kurt Sauer, Textbeitr. von Renate und Theo Hilgers. Hrsg. von Hans-Peter Wodarz. – Berlin : Ed. q, 1993
ISBN 3-86124-060-2
NE: Englert, Klaus; Hastreiter, Günther F.; Wodarz, Hans-Peter [Hrsg.]

Lektorat: Klaus R. Dichtl
Layout: Thomas Pricker
Lithographie: Scantrend, Osnabrück
Satz: av-satz, Berlin
Druck und Bindung:
Toppan Printing Co. (S) Pte. Ltd., Singapore

Gesetzt aus der Novarese, Berthold AG

Bildnachweis

Der Abdruck aller in diesem Band wiedergegeben Gemälde und sonstigen Exponate erfolgte mit freundlicher Genehmigung der jeweils in den Bildunterschriften genannten Museen, Sammlungen, Institute und Privateigentümer, die auch bereitwillig die entsprechenden Fotounterlagen zur Verfügung stellten, insbesondere das Europäische Spargelmuseum, dessen Exponate durch Günther F. Hastreiter fotografiert wurden.

Die übrigen Abbildungen stammten von:
Günther F. Hastreiter, Schrobenhausen: S. 2, 6, 78, 79 (2), 80 (3), 81 (2), 82 (3), 83 (2), 84, 86–92, 93, 94, 96, 98, 100, 102, 104, 106, 108, 110, 117, 130 (2), 131 sowie Titel- und Rückseite. Werbefotografie Wilsmann, Wiesbaden: 9, 120 (2), 121. Roger Schmidt, Zürich: 43. Artothek Hinrichs, Gautin: 58. Jochen Littkemann, Berlin: 70 (2 oben). Stephen Ellison, New York: 114 (2). Brian Coats, New York: 115. Archiv Hotel Rad, Tettnang: 116 (2). tappeiner AG werbefoto-verlag, Lana-Südtirol: 118 (3), 119. Studio Petra Loewen, München: 122 (3), 123. foto-studio Urs Heer, Glarus/Schweiz: 124 (2), 125. Frans van Wijk, Venlo: 126 (2). Archiv De Hamert: 126 (1), 127. Archiv Restaurant Mayer: 128 (2), 129. K. Schimper-Verlag GmbH, Schwetzingen: 132.
Aquarelle:
Kurt Sauer: 8, 75, 76 (oben links), 95, 97, 99, 101, 103, 105, 107, 109, 111.

Titel- und Rückseitenabbildung: Nello Finotti, Spargelkörper, Bronze, 1968 (Europäisches Spargelmuseum).

Für Paul Bocuse

Asparagus officinalis, Einzelblatt *aus einem unbekannten Kräuterbuch*, Mitte 19. Jh. (Privatbesitz).

Inhalt

Kurt Sauer, Europäisches Spargel-
museum, Aquarell, 1991.

Vom Zauber des Spargels

Liebes- und Heilmittel, Motiv für Maler, Anreiz für Silberschmiede, Gegenstand der Dichtkunst, Formgeber für Porzellankünstler, Vorlage für Briefmarken, Postkarten und Kitschartikel – aber auch Forschungsobjekt. All das kann eine Pflanze sein, deren Aussehen und mehr noch unverwechselbarer Geschmack ihr seit über 2500 Jahren eine unerreichbare Sonderstellung im kulinarischen, kulturellen und kultischen Bereich in vielen Teilen der Erde einräumt:
A*sparagus*, Spargel, oft respektvoll als „Königsgemüse", „eßbares Elfenbein", „Gaumenschmeichler" oder „Frühlingsluft in Stangen" bezeichnet und in früheren Zeiten streng gehütetes Privileg der Könige, Kaiser, Fürsten und Kirchenoberen.
Auch wenn heute der köstliche Genuß der zarten weißen, grünen oder rosa bis violett verfärbten Stangen zum bezahlbaren Luxus zählt – die Aura des Besonderen umgibt weiterhin den für Feinschmecker in aller Welt (zu) eng begrenzten Zeitraum der Saison von Mitte April bis zum traditionell letzten Stichtag, dem 24. Juni, bekannt als „Johannitag", benannt nach Johannes dem Täufer.
So verwundert es auch nicht, daß alljährlich ungezählte Liebhaber dieser dem Pflanzenreich zugehörigen einmaligen Delikatesse weder Zeit noch Mühen und Kosten scheuen, um regelrechte „Spargelwallfahrten" – beispielsweise zu den berühmten Anbaugebieten in Stockton/Kalifornien, Venlo/Niederlande, Argenteuil/Frankreich oder Schwetzingen beziehungsweise Schrobenhausen in Deutschland – zu unternehmen.
Daß sich im Gefolge des Edelgemüses, von zahlreichen Rezepten und über einem Dutzend spezieller Kochbücher abgesehen, weitere „Spargelattraktionen", an der Spitze das in der Welt bislang einzigartige „Europäische Spargelmuseum" mit Sitz in der bayerischen Stadt Schrobenhausen, daneben aber auch zahlreiche Spargelfestivals und Sonderveranstaltungen – wie etwa in Terlan/Südtirol –, etabliert haben, verwundert bei der Verbreitung und der Beliebtheit des „genießbaren Nachtigallengesangs" in aller Welt nicht.
Dieser Bildband zeigt einige der Höhepunkte kulinarischer, kultureller und kultischer Umgangsmöglichkeiten mit der auf Sandböden am besten gedeihenden Pflanze auf: Herrliche Gemälde, einmalige Geschirre, wunderbare Silberbestecke, ausdrucksvolle Landschaften, interessante Geschichte(n), berühmte Rezepte und bekannte Spargelköche versuchen der Universalität des Asparagus gerecht zu werden.
Daß dies möglich wurde, ist in erster Linie der umfangreichen Sammlung des Europäischen Spargelmuseums in Schrobenhausen zu verdanken, das auf dem Weg über diesen Band und in zahlreichen Sprachen das einmalige Spektrum des Spargels der ganzen Welt in allen Dimensionen öffnet.
Deshalb gilt mein besonderer Dank auch der Stadt Schrobenhausen für die bereitwillige Erlaubnis zur Reproduktion zahlreicher Exponate. Danken möchte ich aber auch den zahlreichen Museen und Institutionen, die ebenfalls ihre „Spargelschätze" zugänglich gemacht haben. Schließlich gilt mein großer Dank dem Verlag edition q, der sich mit kenntnisreichem Fingerspitzengefühl der Betreuung dieses Bandes angenommen hat.
Nicht zuletzt, sondern an erster Stelle aber gilt der Dank dem Künstler Kurt Sauer für seine Aquarelle, dem Fotographen Günther F. Hastreiter für die Bilder, meinem Kollegen Ludwig Grieser für die Aufbereitung der Rezepte, dem Autorenkollektiv Doris Heller, Renate Hilgers, Dr. Klaus Englert und Theo Hilgers für die kenntnisreichen Ausführungen sowie allen Restaurateuren, die mit ihren „Hausrezepten" zur Vielfalt dieses Bandes beigetragen haben.
Nur so war es möglich, den Zauber des Spargels in all seinen Variationen nachvollziehbar zu machen!

Wiesbaden, im März 1993
Hans-Peter Wodarz
Herausgeber

Von Hippokrates zu Andy Warhol

Die Kulturgeschichte des Spargels

Spargel ist – wie Maiglöckchen und Herbstzeitlose – eine Pflanze aus der Familie der Liliengewächse. Es sind rund 100 Spargelarten bekannt, von denen die in Europa gebräuchliche Kulturart Asparagus officinalis *heißt. Spargel ist eine mehrjährige Staude, deren Wurzelstock viele dickfleischige Wurzeln ausbildet und deren oberirdische Teile im Herbst absterben. Erntegut sind die im Frühjahr austreibenden Sprossen, die – durch einen Erdwall geschützt – weiß bleiben und in den Frühlingsmonaten April, Mai und Juni gestochen werden.*

So nüchtern klingt die Beschreibung eines Gemüses , das schon seit über zweitausend Jahren als „Luxusgemüse", „Königsgemüse" oder „edles Gewächs" gepriesen und heute mehr als jemals zuvor überschwenglich als „Frühlingsluft in Stangen" oder „zartes Elfenbein" apostrophiert und von Feinschmeckern in aller Welt degoustiert wird.

Verfolgt man die Geschichte der Botanik, so stößt man schon in den erhalten gebliebenen Aufzeichnungen der Antike auf Erwähnungen der Spargelpflanze. Den Griechen war der wildwachsende Spargel wohl bekannt, es deutet allerdings nichts darauf hin, daß er als Gemüse kultiviert wurde.

Der griechische Gelehrte und Aristoteles-Schüler *Theophrast* (372–287 v. Chr.) war einer der ersten und gründlichsten Kenner der Botanik. In seiner *Naturgeschichte der Gewächse* beschrieb er die damals bekannte Pflanzenwelt. Danach fand sich Spargel auf der Insel Kreta und dem Peleponnes.

Bei den Griechen gehörte der spitzblättrige Spargel zu den heiligen Kranzgewächsen, die der Göttin Aphrodite geweiht waren. Im Mythos versteckt sich Perigune, die Tochter des Wegelagerers Sinius hinter einem Spargelbusch, um sich vor Theseus zu retten, der sie bedrängte, nachdem er ihren Vater besiegt hatte.

Hippokrates und der Spargel

Es ist bezeichnend, daß die älteste bisher bekannte Erwähnung von Spargel bei einem griechischen Arzt zu finden ist. *Hippokrates* aus Kos (um 460–370 v. Chr.), der berühmteste Arzt der Antike, nennt Spargel ein *stopfendes Mittel*, wobei er sich wahrscheinlich auf die Wurzel bezog, die bei *roter Ruhr und Harnwinden* dienlich sei. Dies vermittelt bereits einen ersten Eindruck davon, unter welchen Gesichtspunkten das spätere Edelgemüse in diesen frühen Zeiten Beachtung fand: Die Bestandteile der Pflanze – Wurzel, Sprossen und Samen – wurden im Hinblick auf ihre Verwertbarkeit in der Medizin betrachtet. Die blutreinigende und harntreibende Wirkung des gepreßten Spargelsaftes wurde besonders hervorgehoben, eine Erkenntnis übrigens, die noch heute gültig ist und

Wandgemälde Pompeji, um 10 v. Chr. (Nationalmuseum, Neapel).

von der modernen Homöopathie genutzt wird. Die aus frischen Sprossen hergestellte homöopathische Essenz dient der Behandlung von Blasenkatarrh sowie von Nieren- und Blasensteinen.

Spargel im römischen Reich

Die Römer wandten sich verstärkt gartenbaulichen und landwirtschaftlichen Aspekten zu, da der Landbau bei den Römern eine größere Rolle als bei den Griechen spielte.
Herausragend ist die Schrift von *Marcus Portius Cato* (234–149 v. Chr.) *Über den Landbau*. Er beschreibt in einem eigenen Kapitel, wie der Spargel im Garten zu kultivieren sei. Die ausführliche Anleitung Catos läßt den Schluß zu, daß Spargel bei den Römern ein sehr bekanntes Gemüse war, das anderen Quellen zufolge gerne als Vorspeise auf dem Speisezettel reicher Römer stand.
Ein weiterer berühmter Ackerbauschriftsteller war *Lucius Junius Moderatus Columella* (1. Jh. n. Chr.), der ebenfalls genaue Anweisungen gab, auf welche Art Spargel am besten zu pflanzen sei.

Die älteste Spargelabbildung der Welt

Aus dem ersten vorchristlichen Jahrhundert ist die älteste bisher bekannte bildliche Darstellung eines Spargelbündels erhalten geblieben: Ein Wandgemälde aus Pompeji, heute im Nationalmuseum in Neapel, zeigt in stillebenhafter Manier Fische, Meeresfrüchte und ein, an einen Mauervorsprung gelehntes Spargelbündel. Dieses Gemälde erhellt einen weiteren Aspekt der Ernährungsgewohnheiten der Römer, die anscheinend Spargel auch als Beilage zu Fischgerichten schätzten. Ein schriftlich überliefertes Rezept aus dem vierten nachchristlichen Jahrhundert wiederum empfiehlt Eierkuchen, gefüllt mit Spargel.
Plinius d. Ältere (23–79 n. Chr.), einer der bekanntesten naturwissenschaftlichen Autoren der Römer, betont in seiner *Naturalis historia*, daß der beste Boden zur Kultivierung von Spargel das Gartenland in der Umgebung von Ravenna sei.
Die „Naturgeschichte" des Plinius ist auch die erste bisher bekannte Quelle, in der das Vorkommen von Spargel in Deutschland erwähnt wird. Laut Plinius nämlich soll das Gemüse im „oberen Deutschland" hin und wieder auf Bergen und felderweise wachsen.

Das Buch des Dioskurides

Ein Werk, das weit bis ins 17. Jahrhundert die Grundlage der Arzneimittellehre war, wurde von dem griechischen Arzt *Dioskurides* um 60 n. Chr. verfaßt.
Seine in fünf Büchern abgefaßte Arzneimittellehre beschreibt neben Pflanzen auch die Metalle und Tiere nach Gestalt und Wirkung. Die Überlieferung dieses im Mittelalter und in der Renaissance gleichermaßen berühmten Werkes ist besonders kompliziert durch die Fülle der Handschriften, der Auszüge und Umarbeitungen sowie der frühen Übersetzungen in verschiedene Sprachen.
Da die Aufzeichnungen des Dioskurides grundlegend für die späteren Botaniker und Ärzte waren – er wird immer wieder als Quelle angegeben – seien an dieser Stelle seine Erkenntnisse zum Spargel zitiert:

Spargel. Der Felsenspargel, welchen sie Myakantha (Mäusedorn) Einige auch Mys (Maus) nennen, ist bekannt. Sein Stengelchen, etwas gekocht und gegessen, erweicht den Bauch und treibt den Urin. Die Abkochung der Wurzeln, getrunken, hilft gegen Harnverhaltung, Gelbsucht, Milz- und Ischiasschmerzen, und mit Wein gekocht gegen den Biß der Spinne, auch gegen Zahnschmerzen, wenn die Abkochung an dem leidenden Zahne behandelt wird. In derselben Weise wirkt aber auch der Same, wenn er getrunken wird. Man sagt, dass die Hunde, wenn sie die Abkochung davon trinken, sterben. Einige haben erzählt, dass, wenn Jemand die Hörner des Widders zerhackt und vergräbt, Spargel daraus wächst; mir aber unglaublich. Dieser Spargel nun aber ist ein vielverzweigter Strauch mit vielen langen fenchelähnlichen Blättern und einer runden großen Wurzel, welche eine Knolle hat. Wenn das Stengelchen von diesem mit Weißwein zerrieben wird, so lindert es die Milzschmerzen, gekocht oder gebraten genommen besänftigt es Harnzwang, Harnverhaltung und Dysenterie. Seine Wurzel in Wein oder Essig gekocht beruhigt Verrenkungen. Mit Feigen und Erbsen gekocht und genommen heilt sie Gelbsucht, lindert auch Ischiasschmerzen und Harnzwang. Wird sie aber umgebunden (als Amulett) und ihre Abkochung getrunken, so verhindert sie die Empfängnis und macht unfruchtbar.

Römischer Bronzespargel, Originalgröße, 2. Jh. n. Chr. (Europ. Spargelmuseum).

Weitere Zeugnisse

Neben den schriftlichen Zeugnissen, die einen Eindruck davon vermitteln, unter welchen Aspekten das Edelgemüse Beachtung fand, gibt es außerdem einige wenige bildliche Darstellungen, die ebenfalls als historische Quellen dienen. Das Wandgemälde aus Pompeji wurde bereits erwähnt. Ein weiteres eindrucksvolles Beispiel bildet ein etwa acht Zentimeter langer Bronzespargel, der aus dem zweiten Jahrhundert n. Chr. stammt und im Donauraum bei Wien gefunden wurde. Der Verwendungszweck läßt sich nur erahnen. Es wäre denkbar, daß er zusammen mit anderen Früchten und Gemüsen in einem Füllhorn seinen Platz fand.

Die Kenntnisse der Antike wurden im Mittelalter vor allem durch die Werke der großen Enzyklopädisten übertragen. Ihr Verdienst war das gelehrte Sammeln und Ordnen der Literatur. *Isidor von Sevilla* (570–636) etwa verzeichnet in seinem naturwissenschaftlichen Werk auch *asparagus*. Im Mittelalter scheint Spargel vor allem in den Kräutergärten der Klöster gepflanzt worden zu sein. Er galt, gemäß den Erkenntnissen der Antike, als Heilpflanze und wurde nicht in größerem Umfang kultiviert.

Ein interessanter Hinweis auf die Heimat des Spargels findet sich in den Annalen Limburgs:

Als man schrieb 1271 in der Karwoche kahmen die letzten Kreuzfahrer aus dem gelobten Lande heim; sie brachten weder Silber noch Gold noch Edelsteine, aber kostbare Sämereyen aus warmen Ländern mit, genannt Artischocken, Spargel, Isop, Lavendel und andere mehr.

Heute wird angenommen, daß die Heimat des Spargels Vorderasien ist, von wo er sich nach Nordafrika und Europa verbreitete.

Die Kräuterbücher des Mittelalters

Im 14. und 15. Jahrhundert herrschte in Oberitalien ein besonderes Interesse für botanische Studien, getragen von einem blühendem Apothekergewerbe in Vene-

dig und der berühmten medizinischen Fakultät in Padua.
Ärzte und Apotheker verfaßten medizinische Handschriften, die, mit Pflanzenabbildungen versehen, als Nachschlagewerke dienten. Sie stellten ein Hilfsmittel dar, um sich in der Pflanzenwelt zurechtzufinden und waren nur für den eigenen Gebrauch gedacht. Dabei flossen bei den Darstellungen der Pflanzen neben bekannten Bildtraditionen auch eigene Naturbeobachtungen ein.
Ein Beispiel aus der Mitte des 14. Jahrhunderts ist der *Codex* 747 im Britischen Museum in London (Ms Eg. 747). Die Darstellung des Spargels zeigt einen kurzen Sprößling, der mit einem kurvig angelegtem Austrieb verbunden ist.
Neben den Ärztehandschriften gibt es eine Reihe von Handschriften mit Pflanzendarstellungen, die dem höfischen Kreis zuzuordnen sind und die sich durch besonders kostbare Ausführungen auszeichnen. Dieser Gruppe ist das *Erbario Carrarese* aus der Mitte des 14. Jahrhunderts zuzuordnen. Der Spargel ist in außergewöhnlicher Naturtreue dargestellt. Es werden fünf Sprossen auf einem schmalen Wiesenstreifen gezeigt, die sich in unterschiedlichen Wachstumsstadien befinden: Rechts der am wenigsten entwickelte und links derjenige, der sich bereits in dem Stadium befindet, in dem sich die Seitentriebe zu entwickeln beginnen. Besonderer Wert wird auf die Darstellung der schuppenförmigen Blätter gelegt.

Pergamenthandschrift, Ms Eg 747, fol. 92r, Mitte 14. Jh. (British Library, London).

Erbario Carrarese, Ms Eg 2020 *fol. 5v*, Mitte 14. Jh. (British Library, London).

(Links:) *Miniatur aus dem Hausbuch der Cerruti, spätes 14. Jh. (Österreichische Nationalbibliothek, Wien).*

Miniatur aus dem Codex Casanatense, um 1400 (Biblioteca Casanatense, Rom).

Das „Hausbuch" als Wissensmittler

Eine eigene Gattung mittelalterlicher medizinischer Handbücher ist das *Tacuinum sanitatis*, eine für den höfischen Gebrauch verfaßte Anleitung zur gesunden Lebensweise.

In Rom, Wien und Paris befinden sich drei Codices, deren Texte sich weitgehend entsprechen und die gegen Ende des 14. Jahrhunderts in Oberitalien entstanden sind. Bei den Texten handelt es sich um Überarbeitungen eines arabischen Werkes aus dem 11. Jahrhundert, das wiederum auf Gedankengut der griechischen Antike zurückgreift. Die Miniaturen des 14. Jahrhunderts vermitteln in reizvoller Weise einen Eindruck der Kultur und Denkart, die das Leben vor sechshundert Jahren in der Poebene prägte. Es werden Früchte, Bäume, Getreide, Fleisch und die Zubereitung der Speisen, außerdem die Jahreszeiten und Abschnitte des normalen Tagesablaufes gezeigt.

Besonders interessant sind die Darstellungen des Spargels. Im *Codex Casanatense* (Rom) sowie im sogenannten *Hausbuch der Familie Cerruti* (Wien) wird erstmals ein Spargelacker abgebildet, der geerntet wird. Der Begleittext gibt Aufschluß über die medizinische Wirkung:

Der Spargel öffnet die Verstopfungen, die den regelmäßigen Fluß der Körpersäfte behindern, und verstärkt das Streben nach Liebesgenuß.

Miniatur aus einem italienischen Kräuterbuch, WMS 336, fol. 42v, spätes 15. Jh. (Wellcome Institute, London).

(Rechts:) Kolorierter Holzschnitt, *Herbarius Maguntie impressus, verlegt bei* Peter Schöffer, Mainz 1484 (*Bayerische Staatsbibliothek, München*).

Cxxxi

Spargus Spargen

Spargus calide et sicce cõplexionis habet vir-
tutem aptiuã opilationũ splenis et epatis et re-
num. et habet etiã virtutẽ abstersiuã. Et aprie se-
men eius et radix. Et qñ decoquitur radix eius z
bibitur decoctio ipius cõfert strãgwirie et icte-
ricie et sciatice passionibꝫ in vino decoquẽdo Et
qñ ex decoctione eius cũ vino addito piretro fit
mixtio et inde abluatᷣ os ꝯfert ꝯtra dolorẽ dentiũ
Et quãdo elixatur vna elixacõne seu ebulicõne

Jedoch schadet er den Darmzotten, es sei denn, er ist in gesalzenem Wasser und Essig gekocht.
Bei der Darstellung fällt auf, daß die Spargelsprossen schon weit aus der Erde herausgewachsen sind und mit der Hand gepflückt, genauer: gebrochen werden. Es handelt sich dabei eindeutig um Grünspargel, der bis ins 18. Jahrhundert hinein ausschließlich bekannt war. Erst zu Beginn des 19. Jahrhunderts änderte sich der Geschmack dahingehend, daß die weißen Spargelstangen bevorzugt wurden und man spezielle Methoden entwickelte, um die Sprossen vor Lichteinwirkung zu schützen und so die Farbstoffbildung zu verhindern.

Gutenberg und der Spargel

Mit der Erfindung des Buchdrucks durch *Gutenberg* begann eine neue Ära. Die bisher mühselig mit der Hand vervielfältigten Schriften, die nur einem gebildeten und priviligierten Leserkreis zur Verfügung standen, fanden nun in gedruckter Form rasch größere Verbreitung. Das erste Druckwerk war die Bibel, es folgten philosophische und naturwissenschaftliche Werke.
Der Nachfolger Gutenbergs, *Peter Schöffer*, druckte im Jahre 1484 in Mainz das erste Pflanzenbuch und ließ es mit Holzschnitten illustrieren. Es gab einen Überblick

Sparagus Spargen
Capitulum cccLxxix
Sparg9 latine et grece ara
bice nalion · vel halion
Serapio in dem bůche ag
gregatoris in dē capitel · na
lion · id est sparagus beschre
ibet vns vñ spricht · das diß
sey ein gewechs · des frucht
vnnd samen wirt genützett
in der artzney · Auch wert ð
sam ein gantz jar vnuerseret
an seiner natur Die frucht
gesoten mit fleisch vnd gesse
ist gůt für das verstopfft vñ
verhertet miltz · deßgleichē ð
verstopffung der lebern tůt
sy auff · Für dye gelsucht
ictericia genantt · siede dye
wurtzel vō disem gewechs
in wein vñ trinck dē es hilft
on zweifel Vō der brū do
spargē jñ gesotē sind dye ist
gůt dē mūd damit gewasch
en · vnnd benymet allē wee
tumb der zene · Von disem kraut ließ pandectam · das fünffhün
dert vnnd · lxiij · capitel · das sich anhebt nalion · ð findest du dye
warheyt · Item spargen sind von warmer vnd feüchter natur
Item wein dar jnnen gesotē ist spargen wurtzel oder samē gůt
wider bestopffung leber vnnd miltz vnnd nyeren · Vnnd ist auch
gůt wider den kalten saich vnnd wider die gelsucht · vnnd wider
das gegicht genant sciatica · vnnd ist auch fast machen harmen
Q iij

De Herbis.

Ca. cccccxxiij.
Zparagus siue asparagus latine et
gre. ara. naliō vel haliō. Sera. li.
aggre. ca. naliō auct. Gal. i. zpara
gus. vtus ei9 ē q desiccat. sz nō hz frigidi
tatem neqz caliditatē. et abstergit. et apit
opilatōez epatis et renū. et pcesiu et radix

Operationes.
A Sera. Zparag9 curat dolorē dentiū
q siccat sine calefactōe et īfrigidatōe:
B Et idē auc. dyas. Qñ elixat vna ebu
litione et pmedit mollit ventrē. et puocat
vrinā: C Et qñ coquit radix ei9 et bi
bit decoctō ipi9 pfert strāgurie et yceritie
et sciatice. D Et qñ coquit i vīo pfert
decoctō ei9 morsui rutele E Et qñ ex
decoctōe eius fit collutō oris pfert dolori
dentiū. et semē ei9 qñ bibit facit opatōs ra
dicis F Et dr q elixat a ei9 occidit ca
nes. et dicūt aliq q qñ cornua arietū sepeli
unt i terra nascunt in sparagi G Et
idē au. abē me. pcetas ē remouē dolorē lū
bo q fit a flegte et vētositate. et dolorē co

lice. q mollit ventrē. et sib ō vtit co multū
facit nauseā. H Gal. ij. de cib. dē. de
zparago. ait q sūt diuretici modicū bñ et
nutrimēti. et non bñ digerunt. I Et
idē. vj. sim. far. ca. zparag9 ē abstersiue vir
tutis nō tñ calefacit māifeste neqz infrigi
dat: K Et ideo tā renū q epatis deo
pilatiu9 ē. et magis radices. et scias q herba
qñ etiā sanat dolorē dētiū qñ sine calefa
ctione desiccat. q egēt maxie dentes.

Ca. cccccxxiiij.
Zeduar. Aui. Zeduar meli
or ē illa q cū napello crescit
et ei9 vicitas plantā napelli
debilitat.

Operationes.
A Est āt tiriaca venenoz oiū viperi et
napelli et alioz. B Rasi. Zirūbet. i.
zeduaria ca. ē et sic. ventositatē dissoluit.
C Constan. in li. g. Zeduar ca. ē in iij.
sic. in. j. valet ē venena et morsus reptiliū.
stōm curat et pfortat; appetitū excitat: Pu
torē oris amputat. si post allia accipiat.

(Links:) *Kolorierter Holzschnitt, Gart der Gesundheit, verlegt bei Hanns Schönsperger, Augsburg 1485 (Bayerische Staatsbibliothek, München).*

Kolorierter Holzschnitt, Hortus sanitatis, verlegt bei Jacob Meydenbach, Mainz 1491 (Bayerische Staatsbibliothek, München).

über die bekanntesten Heilmittel, die aus Pflanzen, Tieren und Mineralien gewonnen werden konnten und war in lateinischer Sprache geschrieben. Dieser *Herbarius Maguntie impressus* sollte ein „Kompendium für den Gebrauch der einfachen Arzneimittel" sein, also ein pharmazeutisches Volksbuch. Es ist wahrscheinlich, daß dieses Werk bereits im 14. Jahrhundert als Handschrift vorlag. Das Buch fand großen Anklang beim Publikum und wurde mehrmals nachgedruckt, so schon im gleichen Jahr 1484 in Holland und 1491 in Italien, sowie durch Schöffer selbst.

Peter Schöffer sah sich durch den großen Erfolg veranlaßt, im darauffolgenden Jahr 1485 ein weiteres Kräuterbuch herauszubringen, das in deutscher Sprache geschrieben war. Der *Gart der Gesundheit* wurde ebenfalls durch Holzschnitte illustriert. Während im *Maguntie* nur ein Zweig des Spargelkrautes mit angedeuteten roten Beeren abgebildet wird, richtet der Künstler im *Gart* sein Augenmerk auch auf die Wurzel und den Spargelsproß, der allerdings sehr schematisiert erscheint. Im Text wird darauf hingewiesen, daß der Sproß gesotten und mit Fleisch gegessen gegen die Verstopfung der Leber hilft. Gegen Gelbsucht solle man die Wurzel in Wein sieden und trinken:

es hilft on zweifel.

Kaum fünf Monate nach Erscheinen des Werkes kam bereits der erste Nachdruck auf den Markt. *Hanns Schönsperger* aus Augsburg übernahm das Werk Schöffers

Fresko, Papstpalast im Vatikan,
Raffaelschule, um 1510 (Vatikan).

ohne Einschränkung. In der Folgezeit erschienen eine Reihe von Nachdrucken, so in Holland, Italien und Frankreich.

Das dritte große Kräuterbuch, *Hortus sanitatis*, wurde von *Jacob Meydenbach* in Mainz 1491 herausgebracht. Es ist das reichillustrierteste und umfangreichste Pflanzenbuch der Frühdrucke. Darin werden allein 530 Pflanzen alphabetisch geordnet, daneben 122 Vogelarten, 106 Wassertiere und 144 Mineralien. Die Abbildungen orientieren sich stark an denen des *Gart*, was besonders an der Darstellung des Spargels deutlich wird.

Obwohl das 15. Jahrhundert in künstlerischer Hinsicht die größtmögliche Naturnähe anstrebte, ging man in den Pflanzenbüchern dem Naturstudium aus dem Wege. Man sah es als Hauptaufgabe an, mit humanistischer Gelehrsamkeit die antiken Schriften zu interpretieren. Die botanische Darstellung war Mittel zum Zweck und nicht Selbstzweck, denn das Kräuterbuch war seiner hauptsächlichen Bestimmung nach ein medizinisches Werk.

Vergleicht man die Abbildungen des Spargels in den Handschriften des 14. Jahrhunderts mit denen der Frühdrucke, so fällt auf, daß sich das Verhältnis der Bilder gegenüber der Natur gewandelt hat. Die relativ naturnahe und für uns heutzutage ästethisch reizvolle Darstellung der Zeichnungen ist einer formelhafteren Darstellung in den Holzschnitten gewichen. Dies mag einerseits mit der noch jungen Technik des Holzschnitts zusammenhängen, ändert sich aber andererseits erst im Laufe des 16. Jahrhunderts, als ein neuerwachtes Interesse am Naturstudium zu beobachten ist.

Im 16. Jahrhundert erschienen eine Reihe gedruckter Werke, die für einen speziellen Leserkreis wie Ärzte und gebildetes Bürgertum gedacht waren.

Der Tübinger Medizinprofessor *Leonhart Fuchs* ließ 1542 in Basel nach mehr als

Kolorierter Holzschnitt, *Leonhart Fuchs, De historia stirpium*, Basel 1542 (*Bayerische Staatsbibliothek, München*).

zehnjähriger Vorbereitungszeit sein illustriertes Kräuterbuch *De historia stirpium* in lateinischer Sprache drucken. Ein Jahr später erfolgte eine deutsche Ausgabe. Er beschreibt etwa 500 Pflanzen, die er mit Holzschnitten illustrieren läßt. Die Darstellung des Spargels zeigt eine vollständige Pflanze mit Wurzeln, Sprossen und Kraut. Die deutsche Ausgabe enthielt auch ein Krankheitsregister, aus dem der Leser für jede Krankheit ein Heilkraut entnehmen konnte.

Ein weiteres populäres Buch schrieb der Pfarrer *Hieronymus Bock*. Die 1539 gedruckte Erstausgabe war unbebildert und brachte nicht den gewünschten Erfolg. Der Verleger in Straßburg sah sich veranlaßt, eine illustrierte Ausgabe vorzulegen,

Spargen.

Von den Namen.

SO bald die hohen Spargen stengel/ die roten corallen zwischen den zerknitsten Fenchel blettern gewiñen/ nent man sie im gaw Teüffels drauben. Sonst ist der nam Asparagus/ oder wie die Athener schreibē Aspharagus ein gemeiner name aller kreütter die da erstmals jre jungen dolden oder bletter herfür stossen/ dauon leß man selbs Paul. Aegine. lib. j. cap. lxxv. de Asparagis holerum. Diosc. lib. ij. cap. xiiij. schreibt von eim Spargen geschlecht/ das nent er Asparagon/ Petreon/ Myacantham/ vnnd Orminion/ wiewol das wort Asparagus/ dem Smilaci Hortensi zůgelegt würt/ Diosc. lib. ij. cap. cxxxv. Also auch mit dem namen Orminion/ ist der Aloe in Diosc. lib. iij. cap. xxiij. getaufft. Ferner nent Dios. Asparagum Myacātham/ id est/ spinam muriam/ welcher nam dē Rusco/ oder dem syluestri Myrto zůsteht/ Dios. lib. iiij. ca. cxlj. In Theophra. heißt Spargen Corruda lib. vj. cap. iij. oder Corrudago. In Serap. cap. iiij. Halion. In Plinio lib. xx. cap. x. lißt man Libycum vnd Horminium/ bei ettlichen Nalion Affursung. In Apul. cap. lxxxv. Aspharagos/ Acanthillis/ Asparagus rusticus et noster. Auerrohis sagt ettlich nennen Corrutham Alhasce wiewol Alhasce von andern Thymus geteütschet ist.

Von der Krafft vnd Würckung.

Köche. Apotecker.

DJe jungen Spargen dolden gehören dem Koch in die kuchen/ der samen vnd wurtzelen dem Apotecker vnd artzet/ Innerlich vnd Eüsserlich zůgeniessen/ Ist einer abtreibenden Würckung/ mittelmäßig/ nit zů warm noch zů kalt/ treibt den harn/ sagt Simeon Januensis.

Innerlich.

Weichen bauch/ Brust Harn.

JVnge Spargen dolden in wein gesotten/ mit buttern vnd eßig abbereit/ als die Hopffen/ erweichen den bauch/ raumen die brust/ vnd treiben den harn/ ein liebliche speiß für die leckmeüler/ doch stätigs genossen/ schwecht

Kolorierter Holzschnitt, Hieronymus Bock, Kreüter Buch, Straßburg 1560 (Europ. Spargelmuseum).

die das Bedürfnis befriedigte, neben den gelehrten Ausführungen zu jeder Pflanze auch eine Abbildung zu finden. Bock war zeitweise Verwalter der fürstlichen Gärten in Zweibrücken und scheint seine aus der Natur gewonnenen Kenntnisse verarbeitet zu haben. Die Abbildung der Spargelpflanze orientiert sich stark an der in der Fuchs'schen Ausgabe. Die medizinische Wirkung beschreibt Bock folgendermaßen:

Junge Spargen dolden in wein gesotten
mit buttern und eßig abbereit
als die Hopffen
erweichen den bauch
raumen die brust
und treiben den harn.

Der Nürnberger *Georg Oellinger* gestaltete in der Mitte des 16. Jahrhunderts ein Pflanzenbuch, das er mit kolorierten Federzeichnungen ausstattete. Oellinger war Apotheker und maßgeblich an der Nürnberger Apothekergesetzgebung beteiligt. Seine Pflanzenbilder basieren wahrscheinlich auf einem selbst angelegten Herbarium, einer Sammlung echter, gepreßter Pflanzen. Die Zeichnung des Spargels gibt einen Eindruck von der detailgetreuen Naturbeobachtung. Es werden die Sprossen, ein Zweig mit Blüten und ein Zweig mit Beeren dargestellt.
Der Frankfurter Stadtarzt *Adam Lonitzer* veröffentlichte im Jahre 1557 erstmals sein *Kreuterbuch*.... Das Werk wurde in 20 Auflagen gedruckt, die letzte erschien im Jahre 1783.
Die Autoren der Kräuterbücher beschäftigen sich zwar hauptsächlich mit der medizinischen Heilwirkung der Pflanzen, vergessen aber auch nicht zu erwähnen, daß der Spargel ein Gemüse ist, das sehr wohl des reinen Genusses wegen gegessen wird. Schon Bock bezeichnet Spargel als *ein liebliche speiß für die leckmeüler* und der italienische Arzt *Pier Andrea Mattioli* erwähnt in seinem Kräuterbuch von 1555, daß die *jungen Spargenzincken oder Dolden* ein *gebräuchlicher Salat* sind.

Kolorierte Federzeichnung, Georg Oellinger, Magnarum Medicine, Nürnberg 1553 (Universitätsbibliothek, Erlangen).

Von Kreutern. CCXVIII

Krafft und Wirckung.

A Beyde wurtzel/rot und weiß/seind warm und trucken im andern grad. Sie mehren den Menschlichen samen. Werden sonst von den Wundärtzten zu den schmertzen und gebresten der sennadern gebraucht/wie das Glidkraut.

Polemonia. Cap. cxlvij.

Es wöllen etliche/daß das Glidweych/von welchem zuvor gesagt/soll sein das Polemonia/so von Dioscoride und Plinio beschriben wirt/und sei das recht Behen album. Aber die gestalt des Glidweychs fehlet weit/unnd kompt gar nicht mit dem Polemonia uberein/ wie solches die beschreibung außweiset. Es wächßt/wie es Dioscorides und Plinius beschreiben/mit dünnen stengeln/welche zu beyden seiten gespitzt seind/ hat bletter ein wenig grösser dann die Rautenbletter/und länger dann die Nepten/tregt obenauß dolden / an welchen der schwartze samen hanget Seine wurtzel ist elen lang/weiß/und dick. Wirt funden an bergechten und felßechten ötern. Wie wenig dise beschreibung mit dem Glidweych uberein komme/kan ein jeder wol sehen.

Ruellius achtet/daß Polemonia sei das kraut/welchs die Galli Boscisaluiam/ das ist/Buschsalbey/ nennen/welches ist ein wild geschlecht der Salbey/so da in Büschen und hecken wächßt.

Valerius Cordus sagt/es sei uns unbekant/bei dem selbigen lassen wirs bleibē.

Krafft und Wirckung.

Die wurtzel in wein gesotten/und getruncken/ sagt Dioscorides/ ist gůt widern Schlangenbißz und die rote růr. Mit wasser gesotten/unnd getruncken/ hilfft sie denen die schwerlich harnen/und die das grien inn lenden haben.

B Den miltzsüchtigen gibt mann sie eins quintlins schwer mit essig. Auff den bißz des Scorpions gelegt/heylt jn. Wer auch die wurtzel bei sich tregt/der wirt nicht beschädigt vom Scorpion/ Unnd ob er beschädigt würde/ so schadets jm doch nit.

Die wurtzel gekewet/stillets zänwee.

Spargen/ Asparagus. Cap. cxlviij.

Spargen heyßt ἀσπάραγος den Græcis, Latinis und Officinis Asparagus. Ital. Isparagi. Gall. des asperges. Hisp. Esparagos.

Die Spargen thůnd sich im Meyē erstmals von einer grossen wurtzel mit vilen zincken herfür / wie ein langer schlechter dolden/fingers dick / rund / feyßt/safftig/ on alle bletter/wie die Hopffendoldē/ Neben den selben gegen dem Brachmonat wachsen lange stengel herauß / mit sehr kleinem zinnelechtem Fenchelkraut / oder wie das zinnelechte Schafftenhew / so in feuchten finstern thälern wächßt. Im Sommer tragen dise Spargen geelrote

o ij

Kolorierter Holzschnitt, Adam Lonitzer, Kreuterbuch 1679, (Europ. Spargelmuseum).

Jacob Theodor Tabernaemontanus, New vollkommenlich Kräuter-Buch, Basel 1664 (Europ. Spargelmuseum).

Der Weg auf die königlichen Tafeln

Am Hofe *Heinrich* III. von Frankreich (1574–1589) wurden angeblich Spargel so groß wie Schwanenfedern serviert und zur Zeit *Elisabeth* I. (1558–1603) wurde in England der schon erwähnte Spargelsalat gegessen. Im Jahre 1581 erscheint *Ein new Kochbuch* von *Marx Rumpolt*, der ebenfalls ein Rezept für einen Spargelsalat vorstellt:

15. Spargel Salat/der auch gequellt ist/vnnd klein geschnitten/oder gantz angemacht/ist auff beyde manier gut. Du kanst in machen mit Erbeßbrüh/mit ein wenig Butter/Pfeffer vnnd Essig/warm auff ein Tisch gegeben.

Es ist wahrscheinlich, daß zu dieser Zeit Spargel an den Königs- und Fürstenhöfen in kleinerem Umfang kultiviert wurde, um den Bedarf der Herrschaften zu decken. Die erste urkundliche Erwähnung für den Spargelanbau in Deutschland stammt aus dem Jahre 1565. Das *Verzeichnis der Kräuter und Bäume im fürstlichen Lustgarten* zu Stuttgart gibt Auskunft über den Anbau von Obst und Gemüse, darunter auch Spargel. Zur gleichen Zeit wird vom Spargelanbau in den Gemüsegärten um Wien berichtet und für 1578 ist der Spargelanbau am Niederrhein bezeugt.

Im Jahre 1588 erschien in Frankfurt ein umfangreiches Kräuterbuch: *New vollkommenlich Kräuter-Buch...* von *Jacob Theodor Tabernaemontanus.* Mit der Beschreibung von über 3000 Kräutern war es das umfangreichste Werk seiner Zeit. Die wissenschaftliche Leistung erstreckt sich auf die Beschreibung der medizinischen Eigenschaften der Gewächse und weniger auf

Kolorierter Kupferstich, Basilius Besler, *Hortus Eystettensis*, 1613 (Europ. Spargelmuseum).

eine einwandfreie botanische Beschreibung und Klassifikation.
Tabernaemontanus verzeichnet zwei Arten Küchen- und drei Arten Wildspargel. Dem Wildspargel schreibt er größere Heilkraft zu. Zu seinen Arzneirezepturen gehören auch destilliertes Spargelwasser und Spargelwein.
Im wesentlichen kam es den Kräuterbuchautoren darauf an, Pflanzen zu identifizieren und etwas über ihren Nutzen und ihre Verwendbarkeit auszusagen. Die Botanik war noch nicht durchsystematisiert und weitgehend deskriptiv. Erst gegen Ende des 16. Jahrhunderts setzen wissenschaftliche Klassifizierungen nach bestimmten Merkmalen, wie Ein- oder Zweikeimblättrigkeit oder nach der Form von Wurzeln, Stengeln, Blättern und ähnlichem neue Maßstäbe.
Der Fürstbischof von Eichstätt beauftragte den Nürnberger Apotheker *Basilius Besler* mit der Betreuung eines der gewaltigsten Pflanzenwerke der Zeit. Der kunstsinnige Bischof sandte aus seinen Gärten ständig neue Pflanzen und Blumen nach Nürnberg, um sie dort malen zu lassen. Die danach – von verschiedenen Künstlern – angefertigten Kupferstiche wurden in einem Prachtband, dem berühmten *Hortus Eystettensis* im Jahre 1613 veröffentlicht. Das Blatt, das dem Spargel gewidmet ist, zeigt in ausgezeichneter Naturbeobachtung alle Entwicklungsstadien der Pflanze: Sprossen in verschiedenen Reifestadien und das Kraut mit Blüten und Früchten.

Maler entdecken das Motiv „Spargel“

Die Bemühungen der Wissenschaft, Pflanzen zu klassifizieren und strukturell zu ordnen, lassen auf ein wachsendes Interesse an botanischen Zusammenhängen schließen und führen über die bisher betriebene, den antiken Traditionen verpflichtete Heilmittelkunde hinaus. Sie bilden auch eine der Voraussetzungen für eines der Hauptthemen in der Malerei des 17. Jahrhunderts, des Stillebens. In geordneter Art und Weise werden Früchte und Gemüse nebeneinander aufgereiht und vermitteln einen Eindruck von den damaligen Leistungen der Landwirtschaft, die auf Bevölkerungswachstum und steigenden Nahrungsmittelbedarf reagierte.

Stilleben wurden häufig von fürstlichen Auftraggebern bestellt und dienten als Schmuck der Speisezimmer.

Eine Überfülle von Früchten, Gemüsen, Geflügel und Delikatessen breitet sich vor dem Betrachter aus. Spargel wird in diesem Zusammenhang als ein Gemüse betrachtet, das es wert scheint, zusammen mit zahlreichen anderen Agrarprodukten dargestellt zu werden. Der Genuß von Spargel dürfte zwar zu dieser Zeit noch nicht alltäglich gewesen sein, war aber wahrscheinlich über die Königs- und Fürstentische hinaus bereits dem Bürgertum erschwinglich. In den Stilleben wird zum ersten Male dem Gemüse als Gaumengenuß gehuldigt.

Der aus dem italienischen Cremona stammende Maler *Vincenzo Campi* (1536–1591) erhielt 1580 von *Hans Fugger* den Auftrag, eine Folge von fünf Bildern zu malen, die zur Ausschmückung des Speisesaales im Fuggerschloß Kirchheim in Schwaben gedacht waren. Campi liefert dazu auch ein Gemälde einer apfelschälenden Dame, die inmitten eines reichen Aufgebotes von Früchten und Gemüsen sitzt, darunter ein Spargelbündel, das zwischen Obstkörben seinen Platz gefunden hat. Ein Bild ähnlichen Inhalts des gleichen Künstlers befindet sich in Mailand.

In den Küchenstücken des 17. Jahrhunderts werden Feldfrüchte oft nach geometrischen Kompositionsmustern angeordnet, wie ein Beispiel von *Jacopo Chimenti*, gen. *l'Empoli* (ca. 1551–1640), zeigt. Das in der Mitte liegende Spargelbündel bildet einen wirkungsvollen Gegensatz zu den aufgestellten runden Tellern, den hängenden Fischen und Würsten. In einem Küchenstück eines unbekannten flämischen Meisters werden Gerätschaften und Lebensmittel in extremer Untersicht dargestellt. Reizvoll ist die differenzierte Oberflächenstruktur der einzelnen Spargelsprossen wiedergegeben.

Auf einem Gemälde *Peeter Gysels* (1621–1690) werden im Vordergrund neben einem Spargelbündel verschiedene Agrarprodukte ausgebreitet. Im Hintergrund sind Gartengeräte und ein Bauer zu sehen, ein Hinweis auf die Arbeit in der Landwirtschaft, die selten thematisiert wurde. Interessant ist eine Marktszene von *Floris Claeszoon van Dyck* (1575–1651), die mit einer Überfülle von Obst und Gemüse aufwartet. Die biblische Szene – Jesus in Emmaus – ist ganz in den Hintergrund getreten.

Für den Flamen *Frans Snyders* (1579–1657) scheint das Spargelbündel ein festes Requisit seiner Bilder gewesen zu sein. Auf zahlreichen seiner von Delikatessen überquellenden Tischarrangements finden Spargelbündel, meist neben Artischocken, ihren Platz.

Pietro Paolo Bonzi, Früchtestilleben, Öl/Leinwand, um 1600 (Sammlung Silvano Lodi, Campione d'Italia).

Vincenzo Campi, Die Apfelschälerin, Öl/Leinwand, um 1580 (Schloß Kirchheim, Schwaben).

Jacopo Chimenti, Speisekammer, Öl/Leinwand, um 1620 (Sammlung Molinari Pradelli, Bologna).

(*Oben:*) Peeter Gysels, *Stilleben*, Öl/Kupfer, 17. Jh. (Privatbesitz).

(*Linke Seite:*) Flämischer Meister, *Stilleben mit Küchengerät*, Öl/Leinwand, um 1620 (Staatliche Kunsthalle, Karlsruhe).

Floris Claeszoon van Dyck, Stilleben, Öl/Leinwand, 1630 (Rijksmuseum Amsterdam).

(Rechts:) Frans Snyders, Jagdstilleben, Öl/Leinwand, 1. Hälfte 17. Jh. (Stichting Hannema-De Stuers Fundatie Kasteel „Het Nijenhuis", Heino).

Das beliebte Thema „Jesus bei Maria und Martha“ bot den Künstlern Gelegenheit, ein biblisches Historienbild mit stillebenhaft ausgebreiteten Lebensmitteln zu verbinden. Maria, versunken den Worten Jesu lauschend, ist Vertreterin des spirituellen Lebens, während Martha inmitten von Nahrungsmitteln, darunter Spargelbündel, dargestellt wird und für die irdischen Genüsse steht.

Den vorläufigen Höhepunkt der Spargeldarstellung bilden die Gemälde des Niederländers *Adriaen Coorte* (um 1660 bis nach 1707). Er widmet sich diesem Thema in ganz eigener Weise, indem er erstmals Spargelbündel formatfüllend darstellt und es meisterhaft versteht, den Schmelz und den Oberflächenreiz der Spargelsprossen wiederzugeben (Seite 40 und 41).

Frans Snyders, Stilleben, Öl/Holz, 1613 (Singer Museum Laren).

Erasmus II Quellinus und Adriaen van Utrecht, *Christus bei Maria und Martha*, Öl/Leinwand, 17. Jh. (Musée des Beaux-Arts, Valenciennes).

Simon de Vos, *Christus bei Maria und Martha*, Öl/Holz, Mitte 17. Jh. (Kunstsammlung der Universität Göttingen).

Louise Moillon, *Stilleben*, Öl/Holz, 1630 (Art Institute of Chicago, Wirt D. Walker Fund).

Augustin Bouquet, *Obst- und Gemüsekorb*, Öl/Holz, um 1680 (Privatbesitz).

Isaak Soreau, Früchtekorb, Öl/Kupfer, Mitte 17. Jh. (Staatliches Museum Schwerin).

Felix Boselli, Stilleben, Öl/Leinwand, 17. Jh. (Stichting Hannema-De Stuers Fundatie Kasteel „Het Nijenhuis", Heino).

Jan Fyt, Blumenvase und Spargel, Öl/Leinwand, 17. Jh. (Thyssen-Bornemisza Foundation Lugano).

Adriaen Coorte, Stilleben, Öl/Leinwand, 1690 (Dordrecht Museum, Dordrecht).

Adriaen Coorte, *Spargelstilleben,*
Öl/Leinwand, 2. Hälfte 17. Jh.
(Privatbesitz).

Kolorierter Kupferstich, Johann Wilhelm Weinmann, Phytanthoza Iconographia, Regensburg 1737–45 (Europ. Spargelmuseum).

Kolorierter Kupferstich, Herborarium Blackwellianum, 1752 (Botanisches Institut der Universität Zürich).

Spargel aus Porzellan

Im 18. Jahrhundert ist das Gemüse schon soweit bekannt, daß Tafelgeschirre produziert werden, die das Motiv des Spargelbündels aufgreifen und verarbeiten.
Seit der Mitte des 18. Jahrhunderts tritt eine Mode in Erscheinung, die zur Erfreuung der höfischen Gesellschaft vegetabile Motive verarbeitet. Es scheint für die Fayence-Manufakturen ein lohnendes Geschäft gewesen zu sein, Butterdosen in Form von Gemüsen und Tieren zu produzieren, die wegen ihrer verblüffenden Naturnähe Bewunderung erzeugten. So wurden Kohlköpfe, Melonen, Äpfel, Spargelbündel, aber auch Enten und Hunde geschaffen, die in Form einer Deckeldose hergestellt und bei Tischgesellschaften mit Butter oder Sauce gefüllt, aufgetafelt wurden. Dabei wurde das virtuose technische Können des Künstlers unter Beweis gestellt, der mit einem *Trompe-l'œil* – einer Augentäuschung – das Auge des Gastes zu verwirren suchte, so daß dieser nicht mehr unterscheiden konnte, ob es sich um einen echten oder einen künstlichen Gegenstand handelt.
Die Manufaktur von Sceaux in Frankreich war auf solche Augentäuschungen besonders spezialisiert. Sie stellte nicht nur Deckeldosen in Form von Spargelbündeln her, sondern auch Teller, auf denen zum Beispiel Nüsse, Pasteten oder Spargel so realistisch angeordnet sind, daß der Gast versucht war, diese als Speisen zu essen.
Die Produktion von Deckeldosen war ein gutes Geschäft, wie die Warenlagerbestände der Manufaktur Braunschweig im 18. Jahrhundert zeigen.
Hier nur die Zahlen, die Spargeldosen betreffen: 1757 wird ein Modell eines Spargelbündels hergestellt und 1758 waren 18 Stück im Warenlager vorhanden. 1759 waren es 47 Stück und 1768 sind sechs Bündel verzeichnet. Die Porzellanmanufaktur Fürstenberg hat 1755 sechs *Esperges Etuis* auf ihrer Brand- und Glasurliste. Die meisten Deckeldosen in Spargelbündelform stellen ein liegendes Bündel dar. Deshalb ist es interessant, daß die Porzellanmanufaktur Mennecy in Frankreich auch ein stehendes Bündel produzierte, das aber wahrscheinlich nicht mehr als Butterdose diente.
Neben Deckeldosen hat der Spargel als dekoratives Element auch Eingang bei anderen Geschirren gefunden. So wurden Terrinen oder Teller mit Spargelsprossen und anderen Gemüsen verziert.
In England nahm sich *Joshua Wedgwood* in seiner Steingutproduktion ebenfalls des Spargels an. Im 1777 erschienen Musterbuch seiner sogenannten *Queens-ware* wurde ein Spargeltiegel publiziert. In der Folgezeit wurden bei Wedgwood Geschirre hergestellt, die das Spargelmotiv in ganz eigener Weise verarbeiteten, so beispielsweise eine Pastetenform mit vertieft angelegten Spargelsprossen und eine Spargelservierplatte mit Butterdose, beide aus Steingut. Von der Porzellanmanufaktur in Derby, England, wissen wir, daß sie 1787 blau-weiße Spargelplatten produzierte.
Erst gegen Ende des 18. Jahrhunderts scheinen spezielle Geschirre zum Servieren des Spargels entstanden zu sein, wie die Wedgwood-Platte und die Derby-Platten beweisen. Auch die Fayence-Manufaktur in Rouen, Frankreich, stellte Servierplatten her, die zum ersten Mal das typische Merkmal einer Spargelplatte aufweisen: eine gewölbte Liege wird mit Löchern versehen und dient als Abtropfplatte, so daß der Spargel ohne Sud aufgetragen werden konnte. Diese Fayence mit dem für Rouen typischen Füllhornmotiv befindet sich ebenfalls im *Europäischen Spargelmuseum* in Schrobenhausen.

Deckeldose, Manufactur Braunschweig, Fayence, um 1760 (Kestner Museum, Hannover).

(Rechts außen:) Deckeldose, Manufactur Braunschweig, Fayence, um 1760 (Europ. Spargelmuseum).

Deckeldose, Manufactur Wiesbaden, Fayence, 18. Jh. (Hetjens Museum, Düsseldorf).

(Rechts außen:) Deckeldose, Manufactur Wiesbaden, Fayence, um 1780 (Kunstgewerbemuseum Köln).

Seite 46, von oben links nach unten rechts:

Deckeldose, Manufactur Straßburg, Fayence, 1753/62 (Bremer Landesmuseum).

Deckeldose, verm. Manufactur Schretzheim, Fayence, um 1770 (Landesmuseum Stuttgart).

Deckeldose, Manufactur Meißen, Porzellan, um 1780/90 (Europ. Spargelmuseum).

Deckeldose, Manufactur Berlin, Fayence, um 1790 (Europ. Spargelmuseum).

Seite 47, von oben links nach unten rechts:

Deckeldose, Manufactur Sceaux, Fayence, um 1750 (Europ. Spargelmuseum).

Deckeldose, Manufactur Ilmenau, Porzellan, um 1790 (Europ. Spargelmuseum).

Deckelterrine in Form eines Korbes, Manufactur Braunschweig, Fayence, um 1760 (Städtisches Museum, Braunschweig).

Teller, Manufactur Frankenthal, Porzellan, 18. Jh. (Kunsthaus Heyls-Hof, Worms).

Spargelliege, Manufactur Rouen, Fayence, um 1800 (Europ. Spargelmuseum).

Im 18. Jahrhundert wurde Essen einer Zeremonie unterworfen, die vor allem Standesunterschiede unterstreichen sollte. Sitzordnung, Speisefolge, Präsentation der Gerichte und kultiviertes Benehmen bei Tisch wurde von der herrschenden Etikette bestimmt. Zu einer verfeinerten Eßkultur gehörte auch die Verwendung von besonderen Tafelgeschirren und Spezialgeräten, die gegen Ende des 18. Jahrhunderts auch für das Spargelessen entworfen wurden. Zum Vorlegen des Spargels bei Tisch dienten Spargelzangen oder Spargelscheren, die auf der Innenseite geriffelt waren und nur für Spargel benutzt wurden.
Obwohl Spargel am Ende des 18. Jahrhunderts bereits ein bekanntes Gemüse war, galt er nach wie vor als Symbol des Wohlstandes. Friedrich Schiller's Gedicht *Zum Geburtstag der Frau Griesbach* von 1797 beweist es:

Es wachsen fast dir auf den Tisch
Die Spargel und die Schoten;
Die Stachelbeeren blühen frisch,
Und so die Renegloten.

Schreibzeug, Manufactur Wien, Porzellan, 1815 (Europ. Spargelmuseum).

Wie eng der Genuß von Spargel in dieser Zeit immer noch mit der Existenz von Fürstenhöfen verbunden war, zeigt der Fall Schwetzingen. Kurfürst *Karl Ludwig* ließ 1658 in Schwetzingen erstmals Spargel anbauen. Als 120 Jahre später der Hof von Schwetzingen nach München verlegt wurde, geriet der Spargelanbau schnell in Vergessenheit. Erst wiederum 100 Jahre später kann man von einem planmäßigen Anbau von Spargel in Schwetzingen sprechen, dessen guter Ruf sich bis heute erhalten hat.

Spargel am Wiener Kaiserhof

Ein Spargeldenkmal ganz besonderer Art wurde im Jahre 1815 für den Wiener Hof hergestellt. Es handelt sich um ein Porzellanschreibzeug in Form einer Spargeldeckeldose mit Behältnissen für Tinte und Streusand. Diese außergewöhnliche Arbeit zeigt, daß das Spargelmotiv im 19. Jahrhundert bereits Eingang in kunsthandwerkliches Schaffen gefunden hat und kein direkter Zusammenhang mehr mit dem Spargelessen besteht.

Victor Martin, Stilleben, Öl/Leinwand, 2. Hälfte 19. Jh. (Europ. Spargelmuseum).

François Bonvin, *Spargelstilleben*, Öl/Leinwand, 1867 (Rijksmuseum Kröller-Müller, Otterlo).

Die Produktion von Spargel erlebte im 19. Jahrhundert einen großen Aufschwung. In Frankreich wurden in Argenteuil, in der Nähe von Paris, im Jahre 1868 bereits 500 Hektar Spargel gepflanzt. Die Ernte wurde hauptsächlich an Pariser Restaurants verkauft.

Im Zuge der Verkehrserschließung durch die Eisenbahn bildeten sich überregionale Märkte, die eine Ausweitung der Spargelproduktion ermöglichten. Zwischen 1870 und 1875 wurde in Schwetzingen der Versand von frischem Spargel intensiviert. Mit der Bahn gingen Sendungen von Spargel nach Österreich und in die Schweiz, mit dem Schiff bis nach England. Spargel wurde zur gefragten Rohware für die aufkommende Konservenindustrie, die zum Beispiel in Braunschweig und Schwetzingen eigene Spargelfelder anlegte.

Die landwirtschaftliche Spezialliteratur brachte Monographien zum Spargelanbau heraus, man beschäftigte sich mit Problemen der Pflanzung, Düngung, Bodenbeschaffenheit und diskutierte über die besten Erntemethoden. Spargelanbau war zu einem Wirtschaftsfaktor geworden, der besonders in Gegenden mit sonst unbrauchbaren Sandböden von Interesse war. Die Städte erließen Spargelmarkt-Ordnungen, um die Produkte ihrer Anbauer zu fördern. In der Spargelmarkt-Ordnung von Schwetzingen heißt es 1895, daß nur *frisch gestochene Spargeln von Spargelbauern des Amtsbezirks* angeboten werden dürfen, *Händlern ist der Verkauf von Spargel nicht gestattet.*

Der Absatz von Spargel war in dieser Zeit bereits so groß, daß man zum feldmäßigen Anbau überging und spezielle Arbeitsgeräte wie den sogenannten Adler- oder Kastenpflug entwickelte, der die notwendigen, besonders tiefen Erdbewegungen bewältigen konnte.

Spargelegge mit Beetwalzen, Braunschweig, um 1925.

Spargelstecherinnen auf dem Acker, Schwetzingen, um 1910 (Fotos: Sammlung des Europ. Spargelmuseums).

Spargelmarkt-Ordnung

der

Stadt Schwetzingen.

1.

In Schwetzingen finden in den Monaten April, Mai und Juni für den Bezirk täglich 3 Spargelmärkte statt.

2.

Die Märkte beginnen und dauern:

Morgens von 6 bis 8 Uhr,
„ „ 11 „ 1 „
Nachmittags von 6 „ 8 „

Außer diesen Stunden ist jeder Handel auf dem Spargelmarkt untersagt.

An Sonn- und Feiertagen fällt der Frühmarkt aus und darf der erste Markt erst um 11 Uhr beginnen. Am Ostersonntag und Pfingstsonntag finden keine Märkte statt.

3.

Der Marktplatz ist auf den Schloßplanken.

Die Verkäufer finden getrennte Aufstellung u. zwar einerseits die Stadt Schwetzingen und anderseits der Bezirk Schwetzingen.

Die Ordnung leitet das durch den Gemeinderath hiezu gewählte Marktkomite unter polizeilicher Mitwirkung.

4.

Gegenstände, welche zum Verkauf auf dem Markte zugelassen werden, sind:

Frisch gestochene Spargeln von Spargelbauern des Amtsbezirks. Händlern ist der Verkauf von Spargel nicht gestattet, dagegen können sie ihre Einkäufe daselbst bewirken.

5.

Bei dem Marktverkehr gilt nur das gesetzliche Gewicht. Spargeln, welche gewöhnlich nach einem angegebenen Gewicht auf Treue und Glauben gehandelt werden, müssen bei Vermeidung der Strafe wegen Betrugs, das angegebene Gewicht haben. Gleiche Strafe trifft — Diejenigen, welche minderwertige oder zerbrochene Spargeln in die üblichen Bündel binden.

6.

Bei etwaigem Gebrauch öffentlicher Wiegeeinrichtungen ist der Käufer verbunden die Gebühren hierfür zu bezahlen u. sind hiefür bestimmt: 1 einzelne Pfunde bis mit 10 Pfd sind frei 2 ungebündelte Spargel über 10 bis 100 Pfd 10 Pfg. – Als Vergütung für den überlassenen Raum haben die Verkäufer an die Stadtgemeinde eine nach § 71 der Gemeindeordnung festgesetzte Abgabe als Marktstandgeld zu bezahlen. Dasselbe ist festgesetzt:

bis zu 10 Pfd	. . . . .	3 Pfg
„ „ 25 „	. . . . .	5 Pfg.
„ „ 100 „	. . . . .	10 Pfg.
Ueber 100 „	. . . . .	20 Pfg.

7.

Das Marktstandgeld wird an den hiefür bestimmten, am Eingange des Marktes aufgestellten Bediensteten bezahlt, welcher dagegen Marken ausgiebt, die dem Verkäufer als Quittung dienen. Wer mit dem Feilhalten seiner Waare beginnt ohne das festgesetzte Marktstandgeld entrichtet zu haben, hat eine Geldstrafe im 20fachen Betrage der Abgabe verwirkt und muß überdies das geordnete Marktstandgeld nachzahlen. [§ 2 des Gesetzes vom 18. Dezember 1867. Bestrafung der Vorenthaltung von Gemeindeabgaben].

8.

Die Verkaufsplätze dürfen nicht willkürlich ausgesucht werden. Die Verkäufer haben sich vielmehr nach der Reihe ihres Eintreffens an die von dem Marktkomite oder die Polizeimannschaft angewiesenen Plätzen aufzustellen.

9.

Es ist verboten Hunde auf dem Marktplatz während der Marktzeit mitzubringen oder frei umherlaufen zu lassen.

10.

Zuwiderhandlungen gegen die Marktordnung werden nach § 145 Ziff. 6 der Gewerbeordnung mit Geldstrafe bis zu 30 Mark und im Unvermögensfalle mit Haft bis zu 8 Tagen geahndet, wenn nicht auf Grund anderweitiger Gesetzesbestimmungen höhere Strafen verwirkt sind.

Ungehorsame werden vom Marktplatze weggewiesen.

11.

Das Polizeipersonal, an welches sich in Zweifelsfällen zu wenden ist und dessen Anordnungen zunächst zu befolgen sind, hat die Einhaltung obiger Vorschriften zu überwachen, bezw. dieselben zu vollziehen.

Vorstehende von dem Gr. Herrn Landes-Commissär in Mannheim unterm 7. dieses Monats Nr. 1481 für vollziehbar erklärte Spargelmarkt-Ordnung bringen wir hiermit zur öffentlichen Kenntniß.

Schwetzingen, den 18. April 1895

Bürgermeisteramt.

C. Mechling. Reichert.

Druck von Max Pichler in Schwetzingen

Spargelmarkt-Ordnung, Schwetzingen 1895 (Stadtarchiv Schwetzing).

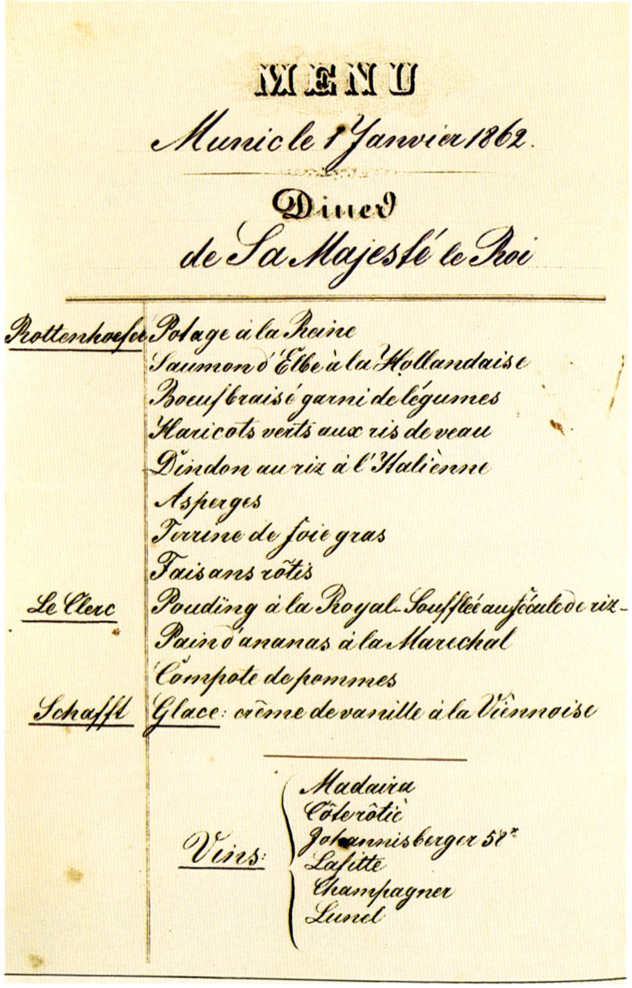

MENU

Munic le 1 Janvier 1862.

Diner

de Sa Majesté le Roi

Rottenhöfer Potage à la Reine
Saumon d'Elbe à la Hollandaise
Boeuf braisé garni de légumes
Haricots verts aux ris de veau
Dindon au riz à l'Italienne
Asperges
Terrine de foie gras
Faisans rôtis
Le Clerc Pouding à la Royal. Soufflé au fécule de riz.
Pain d'ananas à la Maréchal
Compote de pommes
Schafft Glace: crème de vanille à la Viennoise

Vins: Madaira
Côte rôtie
Johannisberger 58er
Lafitte
Champagner
Lunel

DINER
DE SA MAJESTÉ
LE ROI

Tourtle-soupe
Attereaux de fois gras
Saumon du Rhin à la Birnaise
Filet de bœuf aux haricots verts
Boudins à la Justine aux Truffes

Maiwein

Chaponneaux et chevreuil rôtis
Asperges
Pommes à la Fontange
Gâteaux à la Portuguise
Glaces: aux épines-vinettes
à la vanille
et au muscat
Compot d'ananas

Vins
Sherry
Château Yquem
Champagne Veuve Clicquot
Bordeaux Château Lafitte
Steinberger Cabinet 1862'

Liqueurs
Anisette
Chartreuse

(*Links außen:*) *Speisekarte zum Neujahrsessen am Münchner Hof* 1862 (*Sammlung Ernst Roscher, München*).

Speisekarte anläßlich des Hochzeit-Banketts von Prinz Leopold und Erzherzogin Gisela am 30.4.1873. *in München (Stadtarchiv München).*

Spargelspeise-karten

Obwohl Spargel als Gemüse immer bekannter wurde, war ein Essen, bei dem Spargel serviert wurde, nach wie vor etwas Exklusives. Vor allem bei Festmahlen oder Hochzeits-Banketten stand nicht selten *Asperges* auf dem Speiseplan, wie die abgebildeten Speisekarten beweisen. Aus dem ausgehenden 19. Jahrhundert ist eine Tischkarte erhalten, auf der ein Frosch mit umgebundener Schürze ein Spargelbündel präsentiert. Daß Spargel zu dieser Zeit als Gemüse mit seiner typischen Form fest im Bewußsein verankert war und immer wieder zu Vergleichen reizte, zeigen die Redewendungen in der Literatur.

So beschreibt *Marie von Ebner-Eschenbach* in ihren *Dorf- und Schloßgeschichten* im Jahre 1886 einen dünnen Menschen, der *spargelmäßig* in die Höhe schoß. *Wilhelm von Polenz* bezeichnet in seinem Roman *Der Büttnerbauer* 1895 Fabrikschornsteine als *Industriespargel* und *Hermann Löns* läßt *Nikotinspargeln* in Jackentaschen verschwinden. Ganz lapidar bringt *Wilhelm Busch* in der *Frommen Helene* 1872 die Sache auf den Punkt: *Denn Spargel, Schinken, Kotteletts sind doch mitunter auch was Netts.*

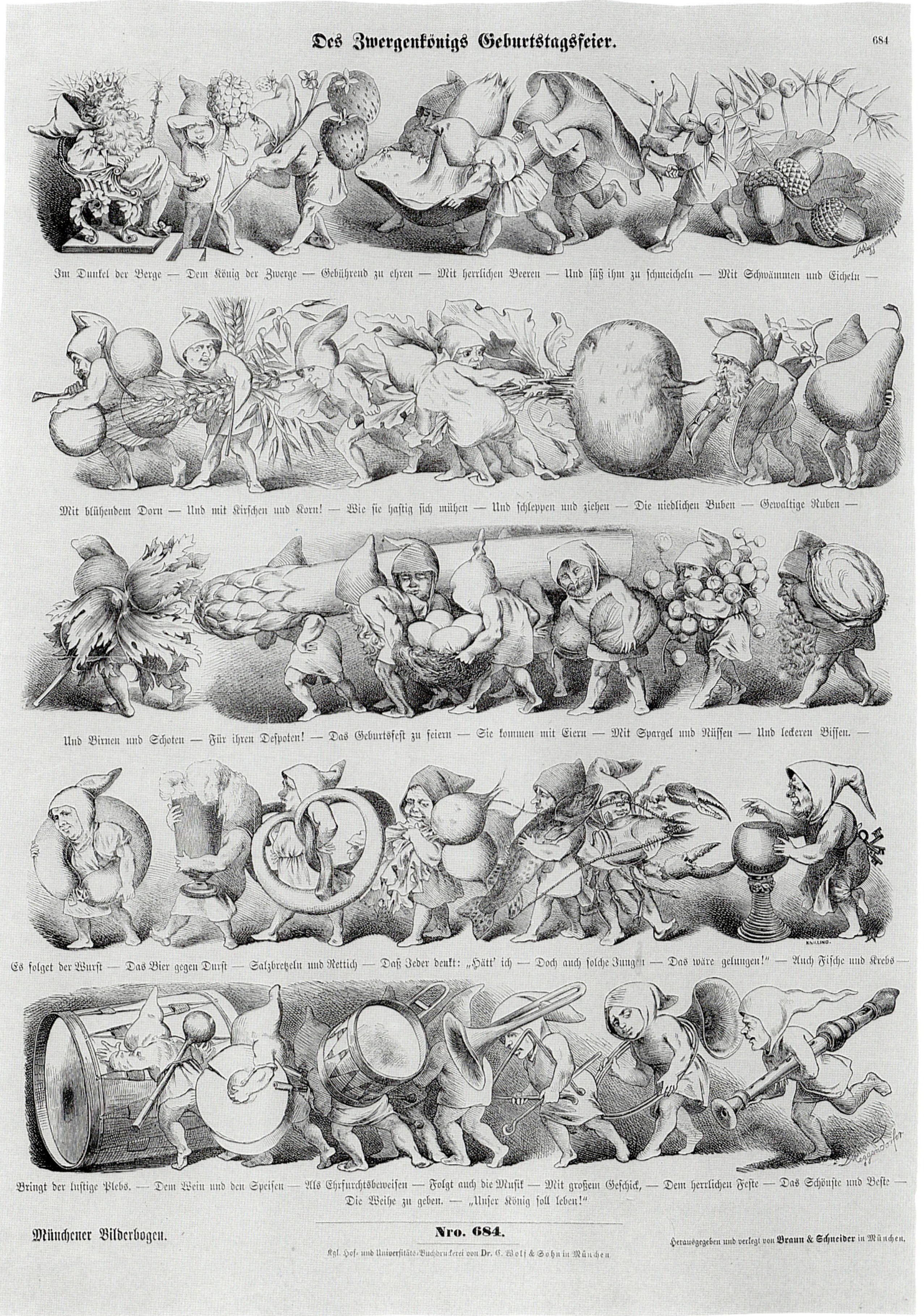

Lothar Meggendorfer, Zwergenkönigs Geburtstagsfeier, Münchner Bilderbogen Nr. 684, 1876/77 (*Europ. Spargelmuseum*).

manet

Manet und der Spargel

(Rechts:) *Edouard Manet, Spargel, Öl/Leinwand,* 1880 *(Musée du Jeu de Paume, Paris).*

Das wohl berühmteste Spargelbild stammt von dem französischen Maler *Edouard Manet* (1832–1883).
Erst drei Jahre vor seinem Tod begann Manet, sich intensiv mit der Stillebenmalerei zu beschäftigen. Sein Spargelbündel erfuhr eine elegische Würdigung durch den Kunsthistoriker *Gotthard Jedlicka*:

Die gelben Spargelstangen und die violetten Spitzen sind aber mit einem unbeschreiblichen Reichtum von Farbtönen gemalt. In das Gelb der Spargelstangen sind blaue, weiße, rosige und violette Töne verwoben; in den Spargelspitzen kommen alle Farben vor, die sich je auf einer Palette befunden haben: verschiedene Rot, Blau, Grün, Gelb, andere Farben.
Dann weiter: *Und mit dem einfachen Motiv eines Spargelbündels auf einem Küchentisch ist eine ganze Welt in unbeschreiblicher zeichnerischer und farbiger Fülle wiedergegeben.*

Manet verlangte 800 Francs für sein Spargelbündel. Der Käufer fand so großen Gefallen daran, daß er aus freien Stücken 1000 Francs bezahlte, worauf ihm Manet aus Dankbarkeit ein weiteres Spargelbild schenkte, mit der Bemerkung, es fehle noch eine Sprosse in seinem Bündel.
Das Spargelstilleben Manets gelangte zu beachtlichem Ruhm. Im Jahre 1907 erwarb es der deutsche Maler *Max Liebermann*, der es zu verschiedenen Ausstellungen schickte, so etwa im Jahre 1925 nach Berlin zur Impressionistenausstellung, 1926 nach Dresden zur Internationalen Kunstausstellung und 1932 nach Paris zur Manet-Ausstellung.
Der französische Romancier *Marcel Proust* hat in seinem Werk *In Swanns Welt* wohl die poetischsten Worte für den Gaumenschmeichler gefunden:

(Linke Seite:) *Edouard Manet, Spargelbündel, Öl/Leinwand,* 1880 *(Wallraf-Richartz-Museum, Köln).*

... besonders aber die Spargel hatten es mir angetan, die wie mit Ultramarin und Rosa bemalt aussahen und deren in Violett und Himmelblau getauchte Spitze nach dem anderen Ende zu – das noch Spuren des nährenden Ackerbodens trug – lauter Abstufungen von irisierenden Farben aufwies, die nichts Irdisches hatten. Es schien mir, daß diese himmlischen Tönungen das Geheimnis von köstlichen Geschöpfen enthüllten, die sich aus Neckerei in Gemüse verwandelt hatten und durch ihre aus feinem eßbaren Fleisch bestehende Verkleidung hindurch in diesen Farben der zartesten Morgenröte, in diesen hinschwindenden Nuancen von Blau jene kostbare Substanz verrieten, die ich noch die ganze Nacht hindurch, wenn ich am Abend davon gegessen hatte ...

Es scheint sich dabei um eine literarische Umsetzung der Manet'schen Spargelbilder zu handeln, die Proust tatsächlich gekannt hat.

Karl Schuch, Stilleben, Öl/Leinwand, 1885/90 (Neue Pinakothek, München).

Spargelgeschirre des 19. Jahrhunderts

Kolorierter Druck, *Le marchand d'asperges*, Ende 19. Jh. (Europ. Spargelmuseum).

Im 19. Jahrhundert wurden besonders schöne Spargelgeschirre gefertigt. Spargelliegen, Spargelplatten und -teller aus Porzellan und Steingut waren gefragte Produkte. Der französische Künstler *Emile Gallé* schuf um 1880 eine Serie von Tellern mit Pflanzenmotiven, darunter einen mit einem einzelnen Spargelsproß.

Das einstige Luxusgemüse wurde immer populärer. Am Anfang des 20.Jahrhunderts brachte man sogar Postkarten heraus, die Spargel in Anlehnung an die Stilleben des 17. Jahrhunderts zusammen mit anderen Gemüsen zeigen. Die Wachszieher stellten Früchtekörbe in Kleinformat her, die mit Eßwaren gefüllt waren und als Dekoration gedacht waren. In den Körben finden sich ganz selbstverständlich auch Spargelbündel.

Die Werbung nahm sich des Spargels mit Plakaten an und in den Musterbüchern der Silberwarenfabriken in Frankreich und Deutschland werden seitenweise Spargelzangen und Spargelheber angepriesen. Als besonders vornehm galten Fingerzangen, mit denen der Spargel zum Mund

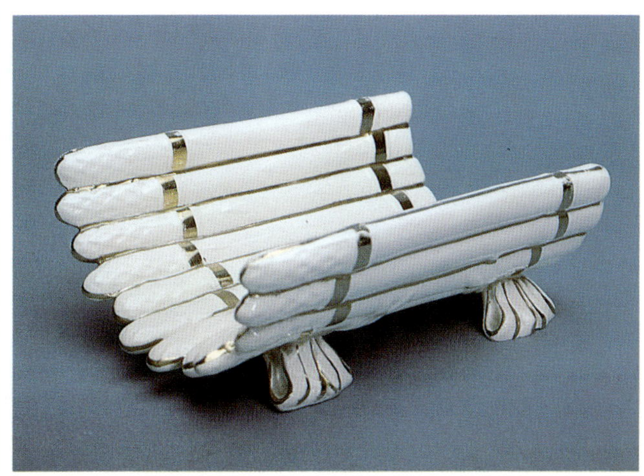

Spargelliege, Steingut, um 1880 (*Europ. Spargelmuseum*).

(*Links außen:*) *Spargelliege, Manufactur* Eichwald, *Böhmen, Steingut, um* 1890 (*Europ. Spargelmuseum*).

Teller, Emile *Gallé, Nancy, Fayence, um* 1880 (*Europ. Spargelmuseum*).

(*Links außen:*) Platte, *Lunéville, Porzellan, Ende* 19. *Jh.* (*Europ. Spargelmuseum*).

Platte, *Sarreguemines, Fayence, Ende* 19. *Jh.* (*Europ. Spargelmuseum*).

(*Rechts:*) *Postkarte aus Argenteuil, um* 1900.

geführt wurde, da die Legierungen der Messer den feinen Geschmack des Spargels beeinträchtigten. Daraus entwickelte sich eine Tischsitte, die sich noch in den 50er Jahren in einem Anstandsbuch wie folgt liest:

Spargel wird nicht geschnitten, sondern mit Hilfe der rechten Hand verzehrt, die die Spargelstange am Ende ergreift, während die Linke mit der Gabel hilft, den Spargelkopf zum Munde zu führen. Das Ende, das ohnehin nicht selten holzig ist, kommt auf den Tellerrand. Wer absolut nicht mit der Hand essen will, sollte den Spargel mit der Gabel knicken.

Seit dem 17. Jahrhundert hat das Spargelmotiv in der Malerei des Stillebens seinen festen Platz. Auch im 19. und frühen 20. Jahrhundert entstanden Spargelbilder, die nach wie vor zur Gattung des Stillebens gezählt werden müssen (Seite 66 bis 68).

Dopisnice. **Postkarte.** Levelező-Lap.
Correspondenzkarte. **Carte postale.** Cartolina postale.
Post card. **Weltpostverein.** Briefkaart.
Union postale universelle. Unione postale universale.
Karta korespondencyjna. Korespondenční lístek.
ВСЕМІРНЫЙ ПОЧТОВЫЙ СОЮЗЪ.
РОССІЯ. ОТКРЫТОЕ ПИСЬМО.
Brefkort. Brevkort. Tarjeta postal.

Sogenannte „Weltpostkarten“, um 1910, mit vielsprachiger Beschreibung (Europ. Spargelmuseum).

Die beiden einzigen Briefmarken der Welt mit Spargelabbildungen (Europ. Spargelmuseum).

Spargelplakat, um 1918 (Europ. Spargelmuseum).

Spargelzange, Silber mit Goldstreifen, im Holzkästchen, von Peter Carl Fabergé, um 1890 (Europ. Spargelmuseum).

Spargelfingerzange, Silberwarenfabrik Christofle, Paris, um 1910 (Europ. Spargelmuseum).

Seite 65:

Spargelheber, Silber, Schaufel vergoldet, Wien, um 1900 (Europ. Spargelmuseum).

(Außen:) Spargelheber, Silber, Prag, um 1910 (Europ. Spargelmuseum).

Spargelplatte, Max Roesler, Darmstadt, Steingut, um 1910 (Europ. Spargelmuseum).

(Außen:) Spargelplatte, Steingut, um 1900 (Europ. Spargelmuseum).

Resi Borgmann, Stilleben, Öl/Leinwand, um 1900 (Europ. Spargelmuseum).

Ludwig Muhrmann, Stilleben, Öl/Leinwand, um 1910 (Europ. Spargelmuseum).

Heinz Fuchs, Stilleben, Öl/Leinwand, um 1910 (Europ. Spargelmuseum).

Alfred Birkle, Stilleben, Öl/Karton, 1926 (Europ. Spargelmuseum).

Max Slevogt, Stilleben, Öl/Karton, 1931 (Privatbesitz).

Lucie van Dam van Isselt, Spargelmahlzeit, Öl/Holz, 1944 (Privatbesitz).

Moderne Kunst und Spargel

Erst in den 50er Jahren des 20. Jahrhunderts beschäftigten sich die Künstler mit dem Thema Spargel unter anderen Gesichtspunkten.

Im Jahre 1957 wurde eine Mappe mit Illustrationen verschiedener Künstler zu *Bert Brechts Dreigroschenoper* herausgebracht. Der Maler A. *Paul Weber* schuf eine Lithographie zu der Textstelle, in der sich Mackie Messer in der Todeszelle Spargel als Henkersmahlzeit wünscht. Das Blatt zeigt einen ausgemergelten Mackie Messer, der gerade eine Spargelstange aufspießt.

A. Paul Weber, Der Spargel-Esser, Lithographie vor 1957, Illustration zu Bert Brechts Dreigroschenoper (Europ. Spargelmuseum).

In sehr eigenwilliger Weise setzte sich der amerikanische Pop-Art Künstler *Andy Warhol* (1928–1987) mit dem Spargel auseinander. In seinem, zusammen mit *Suzie Frankfurt* im Jahre 1959 herausgebrachten Phantasie-Kochbuch *Wild Raspberries* kreierte er einen *Salade de alf Landon*, der aus Hummer, Kapern, Eiern und Spargel besteht und dem amerikanischen Präsidentschaftskandidaten von 1936, *Alfred Landon*, gewidmet ist. Die handkolorierte Offsetlithographie zeigt das fertige Gericht mit dem handgeschriebenen Rezept. Warhol hatte bereits zwei Jahre früher ein Spargelbündel dargestellt. Es handelt sich um eine Zeichnung mit Blattsilber und Aquarell auf Karton, die in stilisierter Weise ein mit einem roten Band eng umwickeltes Bündel vor silbernem Hintergrund zeigt.

In der Folgezeit galt das künstlerische Interesse nicht nur dem Spargelbündel, sondern selbstverständlich auch dem Spargelfeld. *Markus Lüpertz* griff im Jahre 1966 die typische Feldform mit den hohen Dämmen auf und setzte sie malerisch in kraftvolle grünbraune Furchen um.

Der Niederländer *Dick Elffers* dagegen legt seine Spargelfelder in weichen Wellen an, die die Landschaft graphisch gliedern.

In anderen Werken werden mit der Spargeldarstellung erotische Anspielungen verbunden, so in einer Illustration von *Karin Welponer* für die Zeitschrift *Playboy* oder einem ganz speziellen Spargelfeld von *Christine Wilhelm*.

Auf den Bildern der Schweizer Künstlerin *Adelheid Keller-Schenitza* ist der Spargel Hauptdarsteller menschlicher Probleme. In einer Serie von Zeichnungen mit dem Titel *Asparagus vivens* wird ein Szenarium entworfen, in dem das Thema „frei – gebunden“ anhand von einzelnen und gebündelten Spargelstangen variiert wird.

(Links:) Andy Warhol, *Silver Asparagus, Zeichnung mit Blattsilber und Aquarell auf Karton,* 1957 (Sammlung Marx, Berlin).

(Rechts:) Andy Warhol, Salade de alf Landon, *Offsetlithographie, handkoloriert, aus dem Kochbuch* „Wild Raspberries", New York, 1959 (Sammlung Marx, Berlin).

Markus Lüpertz, *Spargelfeld, Leimfarbe/Leinwand,* 1966, (*Größe*: H 81,5 *cm x* B 209 *cm*) (Galerie Michael Werner, Köln).

(Links:) Dick Elffers, Spargelfeld, Öl/Leinwand (im Besitz des Künstlers).

(Rechts:) Hermann Waldenburg, Ernte, Lithographie, 1969/70 (Europ. Spargelmuseum).

(Links:) Karin Welponer, Spargelteller, Mischtechnik/Papier, 1975 (Europ. Spargelmuseum).

(Rechts:) Christine Wilhelm, Spargelfeld, Farbzeichnung, 1975 (Europ. Spargelmuseum).

(Links außen:) Adelheid Keller-Schenitza, Asparagus vivens, Mischtechnik, 1981 (Europ. Spargelmuseum).

Bruno Müller-Linow, Hommage à Manet, Aquarell, 1985 (Europ. Spargelmuseum).

(Links außen:) Christoph Mann, De Honesta Voluptate, Aquarell, 1985 (Privatbesitz).

Sylvia Neusz, Königsgemüse, Mischtechnik, 1988 (Europ. Spargelmuseum).

Anne von Aufschnaiter, *Spargelschmuck*, Acryl/Karton, 1989 (Europ. Spargelmuseum).

(Rechts außen:) Lei Molin, *Sanctus Asparagus*, Gouache, 1987 (im Besitz der Künstlerin).

Nicolaas Wijnberg, *Spargel*, Acryl/Leinwand, 1981 (im Besitz des Künstlers).

(Links:) Hugo Duchateau, *Belgische asperges*, Acryl/Leinwand, 1987 (im Besitz des Künstlers).

(Rechts:) Lucebert, *Der Spargel-Esser*, Öl/Leinwand, 1987 (Privatbesitz).

Kurt Sauers Asparagus Rex spielt als „Spargelkönig" auf das einstige Luxusgemüse an. Aber auch zahlreiche weitere Aquarelle, Zeichnungen und Gemälde des in Rumänien geborenen Arztes aus Maximiliansau bei Karlsruhe zeigen den besonderen Stellenwert, den das Edelgemüse bei dem Künstler, dessen Werke gemeinsam mit den berühmten Spargelbildern von Manet und Warhol in den Niederlanden bei der großen Spargel-Kunstausstellung *Asparagus, Asparagus* im Venloer Museum van Bommel van Dam im Jahre 1988 zu bewundern waren, einnimmt.
So schließt sich der Kreis von Kult, Kunst und Kultur um eine Heil-, Zauber- und Küchenpflanze, die seit Jahrtausenden eine herausragende Stellung unter den pflanzlichen Delikatessen einnimmt und deshalb die hervorhebenden Bezeichnungen als „Edelgemüse" oder „königlicher Genuß" zu Recht verdient.

Kurt Sauer, Asparagus Rex, Mischtechnik, 1984 (Europ. Spargelmuseum).

(Links:) Kurt Sauer, *Spargelfamilie*, Mischtechnik, 1984 (Europ. Spargelmuseum).

(Rechts:) Klaas Gubbels, *Tafel mit Kanne und Spargelbündel*, Mischtechnik, 1988 (Privatbesitz).

André Dieteren, O Schönheit, Acryl/Leinwand, 1987 (im Besitz des Künstlers).

Das Europäische Spargelmuseum

Ein Tempel für das Edelgemüse

Diese Aufgabe ließ sich eine kleine, im Spargelanbau jedoch weithin bekannte Stadt in Bayern nahe der Landeshauptstadt München nicht nehmen: Das Städtchen Schrobenhausen setzte dem königlichen Gemüse ein Denkmal in Form der Einrichtung eines zwischenzeitlich weltweit bekannten und von Besuchern aus aller Herren Länder bewunderten Museums, das nicht nur wegen seiner Einzigartigkeit, sondern auch wegen seiner Sammlung von Spargelexponaten aus 18 europäischen und zahlreichen Überseeländern sowie seiner vielsprachigen Präsentation ohne Übertreibung die Bezeichnung „Europäisches Spargelmuseum“ verwenden darf.

Eine „verrückte Idee“ …

stand am Anfang des jährlich von tausenden Besuchern bestaunten Museums. „Was weiß ich über Spargel?“ fragte sich der Initiator *Dr. Klaus Englert* unverhofft eines Tages beim Lesen des Namens Schwetzingen, mit dem er das edle Gemüse verband. Die Geschichte eines Gemeinschaftswerks von vielen Bürgern und Behörden nahm ihren Lauf.

Bereits 1983 wurde die Initiativgruppe *Spargelmuseum* gegründet, aus der sich ein Jahr später der Förderverein *Freunde Schrobenhausener Museen e.V.* entwickelte. Der Verein setzte sich in den folgenden Jahren für den Aufbau des *Deutschen Spargelmuseums* ein, das schließlich am 13. Mai 1985 eröffnet und der Stadt Schrobenhausen übergeben wurde.

Das Ziel war es von Anfang an, so umfassend wie möglich über Spargel zu informieren, so daß es selbstverständlich war, über die Grenzen des Schrobenhausener Gebietes hinauszugehen und Objekte aus möglichst allen Spargelgebieten Deutschlands zu sammeln. Dabei galt das Interesse nicht nur den Geräten, die beim Anbau des Spargels verwendet wurden; man sammelte vielmehr auch Spargelgeschirre, botanische Fachliteratur, Gemälde und Reproduktionen von Gemälden, auf denen Spargel dargestellt war sowie Fotos als historische Zeitdokumente.

Im Jahre 1985 zog das Deutsche Spargelmuseum in den ehemaligen sogenannten „Amtsturm“ ein. Dieser zweigeschossige Turm in der südwestlichen Ecke der noch teilweise erhaltenen Stadtmauer von Schrobenhausen kann auf eine wechselvolle Geschichte zurückblicken.

Wahrscheinlich in der ersten Hälfte des 15. Jahrhunderts im Zuge des Stadtmauerbaus errichtet, diente er im Laufe der Jahrhunderte den unterschiedlichsten Zwekken: Gefängnis des Landgerichts, Registratur des Bezirksamtes und schließlich in den Jahren 1902 bis 1909 erste Stätte des neu gegründeten Heimatmuseums. Im Jahre 1980 zog vorübergehend das Archiv des Historischen Vereins ein. Nach einer

Das Europäische Spargelmuseum im romantischen Schrobenhausener Wehrturm beim Pflegschloß.

gründlichen Außen- und Innenrenovierung wurde der bezaubernd-romantische Turm dann dem vormals Deutschen Spargelmuseum zur Verfügung gestellt.
Die große Resonanz, die das Museum in aller Welt fand, und die Neugier, dem Spargel weiter auf die Spur zu kommen, veranlaßte die Stadt Schrobenhausen im Jahre 1989 auf einen Antrag des Museumsbeauftragten *Theo Hilgers* und des „Museumsvaters" Dr. *Klaus Englert* hin, das Deutsche Spargelmuseum zum *Europäischen Spargelmuseum* zu erweitern. Das ehrgeizige Projekt wurde von der Landesstelle zur Betreuung der Nichtstaatlichen Museen in München gefördert und von der Kunsthistorikerin *Doris Heller* konzipiert.
Das Deutsche Spargelmuseum bildete mit seinen Exponaten den Grundstock für das Europäische Spargelmuseum und innerhalb von etwas mehr als zwei Jahren wurde die Sammlung mit Objekten aus ganz Europa so erweitert, daß am 29. April 1991 das völlig neu gestaltete Spezialmuseum seine Pforten öffnen konnte.
Voraus gingen umfangreiche Umbaumaßnahmen, die vor allem das Erdgeschoß betrafen. Die historische Bausubstanz des Turmes wurde nicht angegriffen. Da die Stadtmauer mit ihren alten Mauerbögen unmittelbar an den Turm grenzt, entschloß man sich, diese in das Museum zu integrieren und schuf damit eine wirkungsvolle Verbindung von historischer und moderner Architektur. Die Vorderfront des Erdgeschosses wurde mit Wandscheiben und Glasschlitzen so gestaltet, daß die Form der Mauerbögen aufgegriffen wurde. Die

Die Stahlpferde am Übergang zur Freianlage.

Seitenfront blieb, nur mit einer Glasscheibe versehen, offen, so daß der Raum eine optische Erweiterung erfährt und der Blick auf die angrenzende alte Stadtmauer und den Spargellehrgarten frei bleibt. Damit wurde eine transparente Verbindung zwischen Innen- und Außenbereich geschaffen, die das Ausstellungskonzept an dieser Stelle wirkungsvoll unterstützt. Ein Spargelacker, der im Inneren nachgestaltet wurde und Arbeitsgeräte des Spargelbauern im Einsatz zeigt, findet im Außenbereich seine Fortführung. Mit drei lebensgroßen Stahlpferden, die einen Spargelspezialpflug ziehen, der sich – getrennt durch die Glasscheibe – im Innenraum befindet, konnte eine Situation nachgestellt werden, die dem Besucher einen lebendigen Eindruck von der vorindustriellen Arbeitsweise eines Spargelbauern vermittelt.

Feldbearbeitung (1:1-Modell mit Blick vom Innenraum zum Schloßpark).

Modernes Design im alten Gemäuer empfängt den Besucher am Eingang.

Die computergesteuerte Europakarte mit vielen Informationen.

Im Videoraum: „Geschichte eines edlen Gemüses".

Die Sammlung

Inhaltlich gliedert sich das Museum in mehrere Bereiche: Das Erdgeschoß ist der Geschichte, dem Europäischen Spargelmarkt, der Botanik und dem Anbau gewidmet; im 1. Stock werden Spargelrezepte und Spargelgeschirre gezeigt und im 2. Stock sind viele Originalbilder und Reproduktionen von Gemälden zu sehen, die das Thema „Der Spargel in der Kunst" veranschaulichen. Alle Einführungstexte sowie die Exponat- und Fotobeschriftungen sind dreisprachig: englisch, deutsch und französisch. Dem interessierten Besucher steht außerdem ein Videofilm in drei Sprachen zur Verfügung, der den Titel „Geschichte eines edlen Gemüses" trägt.

Empfangen wird der Besucher mit einer Wand, an der das Wort „Spargel" in allen europäischen Sprachen erscheint. Der Rundgang beginnt mit der Geschichte des Spargelanbaues und dem ältesten Exponat des Museums: Ein acht Zentimeter langer Bronzespargel aus dem zweiten Jahrhundert n. Chr., gefunden im Donauraum in Österreich (Abb. s. S. 13).

Der nächste Abschnitt ist der Geschichte des Schrobenhausener Spargelanbaues gewidmet. Der Begründer, *Christian Schadt* – gebürtig in Groß-Gerau bei Mainz –, pflanzte erstmals im Jahre 1913 auf dem Haidhof in der Nähe der, auch als nach dem hier geborenen Malerfürsten *Franz von Lenbach* benannten, Lenbach-Stadt Spargel an; mittlerweile ist Schrobenhausen die anerkannte Spargelmetropole in Bayern.

Eine große, computergesteuerte Europakarte zeigt auf Anfrage sämtliche Daten

Präzise Erläuterungen zu Anbau, Pflege und Ernte: Das Erdgeschoß fasziniert durch die Präsentation der Botanik und Landwirtschaft in Stein und Stahl.

zum Europäischen Spargelmarkt und läßt Hauptanbaugebiete innerhalb der einzelnen Länder aufleuchten. Die moderne Technik erlaubt es, daß alle Statistiken zu Anbauflächen, Ertragsmengen, Exportzahlen und vieles mehr immer auf dem neuesten Stand sind.

Der botanisch interessierte Besucher erfährt einiges über die Entwicklungsstadien der Pflanze *Asparagus officinalis*, sowie über die unerwünschten Spargelschädlinge und Krankheiten.

Als nächstes wird das Kapitel „Der Spargel als Heilpflanze" aufgeschlagen. Gezeigt werden Blätter aus Kräuterbüchern des 16. Jahrhunderts, auf denen Spargel dargestellt wird und eine im Jahre 1664 in Basel erschienene Ausgabe des *New vollkommenlich Kräuter-Buch*... von *Jacob Theodor Tabernaemontanus*, des Leibarztes von *Johann Casimir von Heidelberg*.

Eine Auswahl von Medikamenten bietet u.a. einen Einblick in die moderne Homöopathie, die eine Essenz aus frischen Spargeln verwendet.

Der nächste große Themenbereich ist der

Technik und den Problemen des Anbaus von Spargel gewidmet. In sechs Abschnitten wird die Vorgehensweise bei der Vorbereitung des Feldes, der Pflanzung, der Pflege und Ernte bis hin zur Weiterverarbeitung anhand von Geräten, historischem Fotomaterial und Schautafeln gezeigt. Im Mittelpunkt steht eine Inszenierung eines Spargelackers, auf dem Geräte des Spargelbauern eine Erntesituation nachstellen. Der Bifang setzt sich im Außenbereich des Museums fort, wo drei lebensgroße Stahlpferde stehen, die als Zugtiere für den Spargelpflug fungieren, der sich wiederum im Innenraum befindet.

Rudolf Höfler: *„Spargelfestmahl bei Hofe" – Ein Einblick in die königliche Welt des Spargels*, 1991 (Europ. Spargelmuseum).

Detail aus dem „Spargelfestmahl bei Hofe".

Im Spargelgarten kann der Besucher außerdem echten Bleich- und Grünspargel sehen und in der Spargelsaison auch selbst stechen.
Der I. Stock des Turmes gehört den Gaumenfreuden. Es werden alte Kochbücher und Rezepte gezeigt, sowie Kochgeschirre, eingemachter Spargel und Schälmesser. Ein Schnitzwerk des Schrobenhausener Künstlers *Rudolf Höfler* führt den Besucher in die Welt der höfischen Gesellschaft ein, in der gerade ein Spargelessen

Gold, Silber, Porzellan: Die Begleiter des königlichen Gemüses, ausgestellt im Turmzimmer der ersten Etage.

Mittelalterliche Architektur: Das Treppenhaus aus dem 15. Jahrhundert.

zelebriert wird. Wertvolle Spargeldeckeldosen und Geschirre aus Frankreich, Italien, England und anderen europäischen Ländern lassen ahnen, welchen Stellenwert ein Spargelessen in der Vergangenheit hatte und immer noch hat. Prunkstücke sind eine Deckeldose aus der *Porzellanmanufaktur Meißen* (Abb. S. 46) und eine silberne Spargelzange des russischen Hofjuweliers *Peter Carl Fabergé* (Abb. S. 64).

Kontrastierend dazu wurde ein Regal auf-

Blick in den Oktogon-Raum des Turms (2. Stock) mit der Sammlung von Spargelgemälden.

gebaut, das gefüllt ist mit Spargelkonserven aus aller Welt. Ob tiefgefroren, in der Dose, im Glas, als Suppe, Schnaps oder Yoghurt – Spargel ist heutzutage jederzeit und überall verfügbar. Das einstige Gemüse der Reichen ist zum Konsumartikel geworden.

Im 2. Obergeschoß des Museums kommt die Kunst zu Wort. Eine Galerie mit Werken von Künstlern, die sich mit dem Thema „Spargel" auseinandersetzten, bildet den Abschluß des Rundgangs. Ergänzend wurde eine hinterleuchtete Wand gestaltet, die Reproduktionen von Gemälden aus verschiedensten Kunstmuseen zeigt. Alle haben eines gemeinsam: Sie stehen im Zeichen des Spargels!

Informationen zum Museum: Stadtverwaltung Schrobenhausen, Lenbachplatz 18, D-8898 Schrobenhausen/Bayern. Telefon: 0 82 52/9 02 14. Ganzjährig geöffnet.

„Ich lasse bitten!“

Die langgezogenen Erdwälle mit ihren präzise geformten Scheiteln und den im exakten Winkel abfallenden Kanten muten fast wie Architektur auf dem Acker an. Verschwinden die Hügel zusätzlich unter schwarzglänzenden Plastikfolien, die sich in der untergehenden Sonne wie Silberstreifen durch die Landschaft ziehen, so entsteht beim Betrachter eher die Impression einer Schöpfung des Verpackungskünstlers Christo als der Eindruck grundsolider Landwirtschaft.

Spargel ist eben in jeder Beziehung etwas Besonderes. Schon bevor er die Festtafel des Feinschmeckers ziert, prägt er die Landschaft, in der er gedeiht. Die prägnante Optik spiegelt den Aufwand wieder, den er vom Landwirt fordert. Nicht zu heiß, nicht zu kalt, nicht zu trocken, nicht zu feucht – nur unter First-Class-Bedingungen treibt der Wurzelstock nach seinem Winterschlaf die edlen Sprosse der Sonne entgegen, die sie allerdings nie zu Gesicht bekommen dürfen – sonst wäre es aus mit dem bleichen Teint.

Vor dem Kochkünstler steht der Landwirt, der seinen Spargelkulturen während des ganzen Jahres ein besonderes Maß an Zuwendung entgegenbringen muß. Das beginnt mit der Vorbereitung des Bodens. Gedeihen könnte das Gemüse eigentlich überall, die feinen Nuancen im Aroma, die von zart nußartig bis anmutend würzig beschrieben werden, entwickelt es freilich nur in bestimmten Regionen. Die sandigen Böden ergeben dabei nicht nur die geschmacklichen Varianten, sie sind auch die Voraussetzung dafür, daß sich die Triebe kerzengerade in die Höhe schieben können. Jedes Hindernis aus Lehm oder Humus würde ein Ausweichmanöver provozieren, das eine mißratene Stange zur Folge hätte, für die auf dem Gourmet-Teller kein Platz mehr wäre.

Überhaupt besteht der so gerne als königliches Gemüse titulierte Spargel auf beste Behandlung. Erst wenn eine Reihe von Sonderkulturen ein spezifisches Nährstoffangebot im Boden hinterlassen hat, kann das Feld mit den jungen Setzlingen aufgebaut werden. Und denen wird dann noch einmal eine dreijährige Ruhepause gewährt, ehe erstmals ein Stechmesser angesetzt wird. Etwa zehn Jahre lang treibt die Pflanze dann im zeitigen Frühjahr die begehrten Sprossen, bevor ihre Kräfte erschöpft sind und das Feld „totgestochen“ wird.

Die Landwirtschaft hat viele Revolutionen erlebt. Technik und Chemie ließen die Erträge ins Uferlose wachsen, Konservierungsfachleute packten alles in Dosen, was sich auch nur annähernd eignete. Der Aufschrei der Nouvelle Cuisine angesichts dieses Vandalismus wider den Gaumen war nur allzu berechtigt.

Dreiergespann mit Adlerpflug, 1942 (*Foto Europ. Spargelmuseum*).

Silberne Streifen im zeitigen Frühjahr: Folienanbau.

Für den „König der Gemüse“ kein Thema. Er muß, wie schon in alten Zeiten, direkt vom Feld auf den Tisch. Das zarte Aroma und auch die Optik widersetzen sich jeglicher Bemühungen, Spargel in Dosen zu zwängen. Wie jämmerlich liegen die eingedosten Stängelchen im Vergleich zu den knackig frisch gestochenen Exemplaren in den Kochtöpfen. Wie kläglich purzeln die geschmacklosen Bleistifte aus den Konserven auf den Teller?

Spargel unterwarf sich nie dem Diktat moderner Vermarkter, als Saisongemüse läßt er die Feinschmecker alljährlich auf Wanderschaft gehen – zu den Orten, wo er gedeiht. Technik spielt nur eine Rolle am Rande. Mühevolle Muskelarbeit hinter

Gutes Auge, zarte Hand: Spargelstechen ist eine Kunst.

Landschaftsarchitektur: Bifänge in der Saison, bei Hohenwart/Bayern.

Wunder der Natur: Ein Spargelsproß mit Wurzelstock.

Spezialpflügen, die früher von Mensch und Tier gefordert wurden, ersetzen heute PS-starke Traktoren, die Ernte aber ist nach wie vor Schwerstarbeit. Die edlen Stangen wollen Hand für Hand aus der Erde geholt werden – das notwendige Geschick und Gefühl für die Pflanze kann keine Maschine ersetzen, selbst der Computer und sensorgesteuerte Technik müssen hier passen.

Neben den riesigen Mähdreschern und Vollerntern mutet das Werkzeug der Spargelernter archaisch an. Ein langes Stechmesser, mit dem der Trieb vom Wurzelstock getrennt wird, und eine Art Maurerkelle zum Glattstreichen des Bodens sind die einzigen Utensilien. Früh am Morgen

Optischer Genuß in der Natur: Spargelfelder.

beginnt die Arbeit. Wenn die ersten Sonnenstrahlen die Bifänge streifen, herrscht Leben auf den Spargel-Äckern. Dort, wo sich die Erde ein wenig hebt, wühlt die Hand den jungen Trieb frei, trennt ihn mit präzisem Stich vom Wurzelstock und schließt die Wunde im Boden wieder. Stange für Stange wandert so in den Korb. Ohne Pause, bis zum späten Abend, sind die Stecher unterwegs. Denn ein Blick ans Tageslicht ist der bleichen Delikatesse verwehrt. Violette Töne im Teint wären die Folge, und die schätzen weder Anbauer noch Konsumenten.

So ist dem Spargel sein Platz auf dem Thron der Gemüse nicht streitig zu machen. Er hat seine Zentren, und wenn die Feinschmecker alljährlich zu ihm kommen und nicht er zu ihnen, so bestätigt das nur seinen Ruf: „Ich lasse bitten!“

Spargelernte – Schwerstarbeit!

Spargelherbst bei Oberlauterbach/ Bayern.

Der Winter naht: Verbrennung des Spargelkrauts zum Schutz vor Schädlingen.

„Spargel und Sonne bringt Wohltat und Wonne!“ (Volksmund).

Spargel international

Ludwig Griesers Kreationen

Wer mit der Frühlingsdelikatesse Spargel den Begriff der Lebensfreude durch Genuß verbindet, befindet sich rund um den Erdball in bester Gesellschaft: Millionen von Menschen auf allen Kontinenten bevorzugen in vielerlei Zubereitungsarten das unvergleichliche Gemüse; Hunderttausende zelebrieren alljährlich „das Spargelessen" auf vielfältige Weise und an oft schon traditionsreichen Orten. Und schließlich verstärken einige zehntausend Gourmets das Geschmacks- durch ein Kulturerlebnis, indem sie die zarten Stangen auch in geistiger Form konsumieren. Etwa durch das Studium der abwechslungsreichen Geschichte der Pflanze, die sich bis in die Zeit des berühmten griechischen Arztes *Hippokrates* um 460 v. Chr. gesichert zurückverfolgen läßt. Oder durch die Betrachtung der vielen Bilder und Gemälde, die als Haupt- oder auch nur Randmotiv die auf den ersten Blick eher unscheinbare Spargelsproße in den Farbdimensionen zwischen grün und weiß enthalten und als Urheber keine geringeren Künstler als etwa *Frans Snyders*, *Edouard Manet*, *Carl Schuch*, *Andy Warhol* oder *Kurt Sauer* aufweisen.

Das Spektrum der Verwendung des Spargels als „Gaumenschmeichler" ist groß und reicht vom Spargelwein, -schnaps, -salat, -gemüse, -pudding und -eis bis hin zur -suppe und zum -soufflé.

Rezepte dazu finden sich seit dem Altertum, als vor über 2500 Jahren die Griechen den Wildspargel nicht nur als Heilkraut, sondern auch als schmackhafte Ergänzung ihres Speiseplans entdeckten. Mit immer wieder neuen Möglichkeiten der Zubereitung – vom Trocknen an der Luft über das Braten auf heißen Steinen bis hin zum Kochen und Garen im Salzwasser – versuchten schon die Kochkünstler dieser frühen Zeiten, ein Optimum an Geschmack als Erlebnis zu bereiten.

Nach und nach fanden die verschiedenartigsten Rezepte auch Eingang in die damals sehr seltenen und deshalb – aus heutiger Sicht – besonders kostbaren Kochbücher. Denn welcher Koch konnte damals schon lesen und schreiben? Alles Wissen wurde vielmehr mündlich weitergegeben und dadurch bewahrt, bis irgendwann ein Gänsekiel gespitzt und mit seiner Hilfe die Tinte auf das Pergament gebracht wurde.

Ungezählte Spargelrezepte sind so über die Jahrhunderte hinweg festgehalten und in immer wieder neuen Formen verfeinert worden.

Einige der besten Kreationen aus verschiedenen Ländern stellt der Schrobenhausener Gastronom Ludwig Grieser nachfolgend vor, ins rechte Bild gerückt von dem Fotografen *Günther F. Hastreiter* und in die richtige Landesstimmung versetzt durch Aquarelle von *Kurt Sauer*.

Rußland

Mousse von geräuchertem Stöhr zu weißen und grünen Spargelspitzen

Zutaten

200 g	geräucherter Stöhr (ohne Haut und Räucherhaut)
	Salz, weißer Pfeffer aus der Mühle
100 ml	Weißweinsauce
4 cl	weißer Portwein
2 Blatt	Gelatine
250 ml	geschlagene Sahne
10	weiße Spargelspitzen
10	grüne Spargelspitzen
200 ml	Crème fraîche
1 EL	trockener Sherry
1 TL	Zitronensaft
	Salz, weißer Pfeffer aus der Mühle
100 g	Osietra Kaviar

Zubereitung

● Spargelspitzen putzen, waschen und separat in Salzwasser knackig kochen, in Eiswasser abschrecken, abtropfen.

● Geräuchertes Stöhrfilet in kleine Würfel schneiden, mit der nur leicht warmen Weißweinsauce im Mixer fein pürieren, mit Salz und Pfeffer abschmecken und mit der eingeweichten, in dem erhitzten Portwein aufgelösten Gelatine vermischen. Die Masse nun durch ein Sieb streichen, abkühlen lassen, zuerst nur ⅓ der geschlagenen Sahne vorsichtig unterheben, dann den Rest.

● Vier Timbale-Förmchen (ersatzweise auch normale Kaffeetassen) mit kaltem Wasser ausspülen. Die Spargelspitzen längs halbieren und die Seitenwand der Förmchen abwechselnd mit weißen und grünen Spitzen auskleiden. Das Räucherstöhr-Mousse mit Hilfe eines Spritzbeutels einfüllen und die Förmchen für mindestens vier Stunden kühl stellen.

● Crème fraîche mit Sherry und Zitronensaft verrühren, mit Salz und Pfeffer abschmecken und kühl stellen.

● Die Förmchen kurz in heißes Wasser tauchen und stürzen. Die Mousse jeweils in die Mitte eines Tellers setzen und den Kaviar mit einem Kaffeelöffel zu einer halben Kugel geformt obenauf geben. Mit der Crème fraîche umgießen und mit Spargelspitzen garnieren.

● Für die Weißweinsauce eine kleine, geh. Schalotte mit ⅛ l trockenem, gutem Weißwein und 2 cl Noilly Prat ablöschen, auf ⅓ reduzieren, mit 250 ml Sahne nochmals einige Minuten durchkochen, durch ein Sieb gießen und mit Salz und Cayennepfeffer würzen.

Russland

Deutschland

Schwetzinger Spargelsuppe unter der Blätterteighaube

Zutaten

500 g geschälter, weißer Spargel
400 ml Wasser
40 g Butter
Salz, weißer Pfeffer aus der Mühle
400 ml Sahne
1 EL Mehlbutter (Mehl und Butter zu gleichen Teilen, geknetet)
400 g Blätterteig
2 Eigelb
2 EL Wasser

Zubereitung

● Wasser mit Butter, Salz und einer kleinen Prise Zucker zum Kochen bringen. Spargelspitzen ca. 3 cm lang abschneiden und knackig kochen, herausnehmen und als Einlage aufbewahren. Den Rest der Spargelstangen klein schneiden und in dem so entstandenen Sud weichkochen. Sahne und Mehlbutter zufügen und im Mixer fein pürieren. Durch ein Sieb gießen, kräftig durchkochen lassen und nochmals abschmecken.

● Vier Suppentassen bis 2 cm unter den Rand mit der abgekühlten Suppe füllen und die Spargelspitzen zugeben.

Blätterteig ca. 4 mm dick ausrollen. Eine Suppentasse daraufsetzen und den Teig 3 cm vom Rand entfernt ausschneiden. Vier Teigstücke vorbereiten.

Eigelbe mit Wasser verquirlen, den Teig- und den Tassenrand damit bestreichen. Den Teigdeckel über die gefüllten Suppentassen legen und die Ränder kräftig andrücken.

● Blätterteig mit der Eigelb-Wasser-Mischung bepinseln und im Ofen bei 200 °C in ca. 15 Minuten goldgelb backen. Die Suppe sofort servieren.

Kusa 91
Schwetzingen

Spanien

Spargel mit überbackenen Muscheln

Zutaten

1 kg	weißer Spargel (evtl. auch violetter, spanischer)
1 kg	große, spanische Muscheln (Moules espagnoles)
250 ml	Wasser
250 ml	trockener Weißwein
	Salz, Pfeffer, 2 Lorbeerblätter
100 g	Butter
2	gehackte Schalotten
2	Tomaten, geschält, entkernt, in Würfeln
1 EL	frisch geh. Dill
100 ml	Muschelfond
100 ml	Sahne
4 EL	frisch geriebenes Weißbrot
2 EL	Olivenöl

Zubereitung

● Muscheln sorgfältig putzen und waschen, nur fest geschlossene verwenden. Wein und Wasser mit Salz, Pfeffer und Lorbeerblättern in einem großen Topf zum Kochen bringen und die Muscheln zugeben. Den Topf verschließen und die Muscheln unter mehrmaligem Umrühren bei mittlerer Hitze ca. 15 min. garen. Muscheln mit einem Schaumlöffel herausnehmen, auslösen und die schönen Schalenhälften zum Füllen aufbewahren. Die Hälfte des Muschelfonds vorsichtig abgießen, damit evtl. vorhandener Sand am Boden des Topfes bleibt.

● In einer Kasserolle die Butter schmelzen, Schalotten zugeben und andünsten, Tomatenwürfel und Dill zugeben und mit Sahne und Muschelfond ablöschen. Kurz durchkochen und mit Salz und Pfeffer abschmekken.

● Die Muschelschalen auf ein Blech mit grobem Salz setzen, damit sie nicht umkippen können, und mit einer Muschel und einem Löffel der Muschelsauce füllen. Mit frisch geriebenem Weißbrot bestreuen und mit Olivenöl beträufeln. Im Salamander oder unter der Grillspur des Backofens schön goldbraun überkrusten.

● Spargel wie eingangs beschrieben vorbereiten, kochen und zusammen mit den gefüllten, überbackenen Muscheln anrichten.

Kusa 91
Spanien

Niederlande

Spargel mit Garnelen-Sauce

Zutaten

1600 g	weißer Spargel
500 g	gekochte, geschälte Garnelen
2	gehackte Schalotten
4 cl	Noilly Prat
250 ml	Fischfond
250 ml	Spargelfond
200 ml	Sahne
1 TL	gehackten Dill, Basilikumblätter zum Garnieren
	Salz, Pfeffer, Zitrone
	etwas Butter zum Erwärmen der Garnelen

Zubereitung

● Die gehackten Schalotten in wenig Butter andünsten, mit Noilly Prat, Fisch- und Spargelfond ablöschen und zur Hälfte einkochen. Sahne zugeben, mit Salz, Pfeffer und Zitrone abschmecken. Ein Drittel der Sauce mit 200 g Garnelen fein pürieren und den gehackten Dill zugeben.

● Spargel sorgfältig waschen und schälen, die Enden abschneiden. In kochendem Salzwasser knackig kochen, sofort herausnehmen und abtropfen lassen.

● Die restlichen Garnelen in wenig Butter erwärmen und mit dem Spargel auf vorgewärmten Tellern anrichten. Spargel mit den pürierten Garnelen bedecken und mit der Sahnesauce umgießen. Mit den Basilikumblättern garnieren.

Holland

Großbritannien

Spargelspitzen mit Lachsrosette und Mintsauce

Zutaten

800 g Spargelspitzen
600 g Filet von norwegischem Lachs
2 EL flüssige Butter (für die Lachsrosetten)
2 EL flüssige Butter (für die Spargelspitzen)
1 EL gehackter Dill
400 g Weißweinsauce (siehe Seite 94)
80 g kalte Butter
2 EL Minzeblätter in Streifen geschnitten
Salz, Cayennepfeffer und Zitrone

Zubereitung

● Spargelspitzen wie gewohnt kochen, in Eiswasser abschrecken und abtropfen.

● Lachsfilet schräg in 8 gleichmäßige Scheiben schneiden. Jeweils zwei davon zu einer Rosette formen und auf ein gebuttertes Blech setzen. Mit flüssiger Butter bestreichen, mit geh. Dill bestreuen und mit Salz und weißem Pfeffer aus der Mühle würzen.

● Lachsrosette im vorgeheizten Backofen bei milder Hitze noch leicht rosa garen. Weißweinsauce erhitzen, mit der kalten Butter aufmixen, die in Streifen geschnittene Minze einrühren und mit Salz, Pfeffer und Zitrone würzen.

● Auf vorgewärmte Teller einen Spiegel der Mintsauce gießen, die in wenig Butter erwärmten Spargelspitzen darauf sternförmig anrichten und in die Mitte die Lachsrosette setzen. Mit Weißbrot oder Reis servieren.

Kusa 91
England

USA

Grünspargel mit Maine-Hummer auf Weißwein-Kerbelsauce

Zutaten

2	lebende, frische Maine-Hummer à ca. 500 g
1 kg	Grünspargel
300 ml	Weißweinsauce (siehe Rezept Seite 94)
40 g	kalte, gesalzene Butter
1 Bd.	Kerbel
2 EL	Butter (zum Erwärmen des Spargels)

Zubereitung

● Die beiden Hummer unter fließendem Wasser rasch waschen. Kopfüber in sprudelnd kochendes, gesalzenes Wasser geben, nochmals zum Siedepunkt bringen, vom Feuer nehmen und im geschlossenen Topf ca. zehn Minuten ziehen lassen.

● Grünspargel waschen, putzen und an den unteren Enden schälen. In Salzwasser knakkig kochen und sofort in Eiswasser abschrecken, damit er seine schöne grüne Farbe behält. Kerbel abzupfen, waschen, trocknen und fein hacken – einige Blätter zum Garnieren aufbewahren.

● Hummer aus dem Wasser nehmen, die Scheren dicht am Körper abdrehen, Kopf und Schwanz mit einem schweren Messer der Länge nach halbieren. Die grünlichen Teile mit einem Löffel herausnehmen und beiseite stellen (können als Coraile-Butter bei einem anderen Gericht Verwendung finden). Die nicht eßbaren Teile, die direkt hinter den Augen liegen, und den Darm entfernen. Die zwei Glieder unterhalb der Schere durch eine Drehung lösen. Die Scheren selbst an beiden Seiten anschlagen und aufbrechen, das Fleisch vorsichtig herauslösen. Das Fleisch der Beine wird bei Tisch mit der Hummergabel herausgelöst.

● Für die Sauce Weißweinsauce erhitzen, gehackten Kerbel und kalte Butter mit dem Pürierstab unterarbeiten und nochmals abschmecken.

● Spargel nun rasch mit der Butter in einer schweren Pfanne erhitzen und mit dem Hummer, wie auf dem Foto zu sehen ist, anrichten. Kerbelsauce angießen und mit den restlichen Kerbelblättchen garnieren.

● Tip: Für die Sauce unbedingt einen sehr guten Weißwein verwenden, am besten den, den Sie auch zu dem Gericht trinken.

Amerika
Kusa 91

Frankreich

Spargel mit Kalbsbries auf Kresseschaum

Zutaten

600 g	Kalbsbries
2 EL	Butterschmalz
1 kg	weißer Spargel
2	gehackte Schalotten
100 ml	trockener Weißwein
4 cl	Noilly Prat
300 ml	Kalbsfond
250 ml	Sahne
20 g	Butter
	Salz, Pfeffer, Zitrone
6 EL	in Streifen geschnittene Brunnenkresse

Zubereitung

● Kalbsbries (beim Metzger vorbestellen) von allen Adern, Häuten und Unschönheiten befreien und mehrere Stunden in kaltem Wasser, das man immer wieder erneuert, wässern. Spargel putzen, waschen und schälen – die Enden abschneiden.

● Bries in gleichmäßige, ca. 1 cm dicke Scheiben schneiden, mit Mehl bestäuben und in einer Kasserolle in Butterschmalz langsam von beiden Seiten braten. Salzen und pfeffern und kurz warmstellen.

Spargel in sprudelnd kochendem, gesalzenem Wasser ca. zehn Minuten knackig kochen, herausnehmen und auf einer Platte abtropfen lassen.

● Für die Sauce Butter in einer Kupferkasserolle erhitzen, die geh. Schalotten darin andünsten und mit Weißwein, Noilly Prat und Kalbsfond ablöschen. Bei mittlerer Hitze auf etwa ⅓ einkochen. Die Sahne zugeben und nochmals kurz durchkochen, mit Salz, Pfeffer aus der Mühle und evtl. Zitrone würzen, die Kresse zugeben und mit dem Pürierstab aufmixen.

● Kalbsbries und Spargel auf vorgewärmten Tellern anrichten, mit der Kressesauce umgießen und mit einigen schönen Kresseblättern garnieren.

Allee in Frankreich
bei Argenteuil

Italien

Spargel mit Steinpilzen in Rahm

Zutaten

1,6 kg	weißer Spargel
0,8 kg	kleine, feste Steinpilze
2	Schalotten, fein gehackt
40 g	Butter
250 g	Sahne
	Salz, Cayennepfeffer, Zitrone

Zubereitung

● Pilze putzen und wenn möglich nur mit einem Tuch säubern, nicht waschen. Anschließend in nicht zu dünne Scheiben schneiden. Butter in einer Kupferkasserolle zerlaufen lassen, geh. Schalotten darin andünsten und die Pilze zugeben, salzen und auf heftigem Feuer kurz leicht anbraten. Die Sahne zufügen und zwei bis drei Minuten durchkochen lassen. Mit Salz, Cayennepfeffer und Zitrone würzen.

● Spargel wie bei den vorhergehenden Rezepten vorbereiten und kochen. Auf vorgewärmten Tellern anrichten und mit den Steinpilzen in Rahm überziehen. Mit frisch gehackter Petersilie bestreuen.

Italien

Griechenland

Griechischer Spargelsalat

Zutaten

500 g weißer Spargel
500 g grüner Spargel
1 Kopfsalat
4 hartgekochte Eier geschält, geviertelt
4 ganze geschälte Tomaten
4 geschälte, entkernte Tomaten, gewürfelt
20 grüne Oliven
20 schwarze Oliven
200 g griechischer Schafskäse
1 EL Echalottenessig
1 EL Weißweinessig
1 TL Sherryessig
1 sehr fein gehackte Schalotte
2 EL gehackte Kräuter (Schnittlauch, Estragon)
Basilikumblätter zum Garnieren
Salz, weißer Pfeffer aus der Mühle
6 EL Olivenöl (erste Pressung)

Zubereitung

● Spargel grün und weiß wie gewohnt vorbereiten, kochen und abkühlen. Die Spitzen ca. 6 cm lang abschneiden, die Enden in 2 cm lange Stücke schneiden.
Kopfsalat putzen, waschen, trockenschleudern.

● Ganze geschälte Tomaten sternförmig einschneiden, jedoch nicht durchschneiden, und mit einem Ausstecher vorsichtig aushöhlen. Schafskäse in kleine Würfel schneiden, mit Pfeffer, Zitrone und Olivenöl würzen und damit die Tomaten füllen.

● Echalottenessig, Weißwein- und Sherryessig mit der geh. Schalotte, Salz und Pfeffer verrühren, dann das Olivenöl unterrühren und die Kräuter zugeben.

● In einer großen Schüssel Kopfsalat, Spargelstücke und Tomatenwürfel mit dem Salatdressing vermischen. Auf vier Teller verteilen, die Spargelspitzen sternförmig anrichten und mit dem Rest der Salatsauce beträufeln, die gefüllte Tomate in die Mitte setzen und mit den Eivierteln, den Oliven und Basilikumblättern garnieren.

Griechenland

Aquarell, wahrscheinlich aus einer Sammlung für ein Pflanzenwerk, datiert 28.5.1842 (Europ. Spargel*museum*).

Berühmte Spargelrestaurants

Überall auf der Erde, wo Spargel nicht nur für Konservendosen, sondern auch und vor allem für den Feinschmecker in der Saison geerntet wird, finden sich Restaurants, die in den wenigen Monaten des frischen und unnachahmlichen Genusses zu Tempeln der weißen, grünen oder violetten Stangen werden.
Ob in Australien oder auf Zypern, ob in den Vereinigten Staaten von Amerika oder in der Schweiz: Jeder Spargelgenießer kennt „sein" spezielles Gourmet-Haus, das die Frühlingswonne in bester Vollendung und in vielfacher Form zelebriert. Natürlich fehlen dabei nicht all jene Häuser, die mit Sternen, Kochmützen und sonstigen Auszeichnungen ihre Spitzenstellung im gastronomischen Bereich unterstreichen können, wie etwa die Restaurants von *Paul Bocuse*, *Eckart Witzigmann* oder *Alfons Schuhbeck*, um nur drei von vielen großen Namen zu nennen.
Vertreten sind aber auch unbekanntere, kleine, ja manchmal nur zur Spargelzeit geöffnete Lokale, deren Küchenchefs eine andere, aber durchaus den „Großen" ebenbürtige Zubereitung des königlichen Gemüses beherrschen. Und so manche rustikale Derbheit der Einrichtung wird aufgewogen durch die unersetzbare Nähe zu den Spargelfeldern, die eine absolute Frische des gerade gestochenen und unverzüglich zubereiteten Spargels garantiert und mit dem dadurch geschenkten Geschmackserlebnis den Besuch gerade dieser Hochburgen der Delikatesse, verbunden mit „Ortspreisen", doppelt rentiert. So verwundert es nicht, wenn alljährlich in den klassischen Spargelländern Frankreich, Spanien, Italien und Deutschland, aber auch in den USA und vielen anderen Ländern Heerscharen von Spargelliebhabern die bekannten Orte wie etwa Argenteuil bei Paris, Venlo in den Niederlanden, Stockton in Kalifornien oder Schwetzingen im Südwesten Deutschlands regelrecht überfallen, um vor Ort den optimalen Genuß zu finden.
Alle speziellen und empfehlenswerten Spargelrestaurants aufzuzählen wäre bei der Vielzahl in aller Welt nicht möglich. Und eine Beschränkung nur auf die „Sterne-Restaurants" unter dem blauen Frühlingshimmel, dessen strahlende Sonne die zum Wachsen des Spargels so wichtige Wärme bringt, würde dem breiten Spektrum herrlich gemütlicher bis futuristisch eleganter Restaurants nicht gerecht.
Deshalb finden sich nachfolgend – ohne Rang- und Reihenfolge – stellvertretend nur einige Restaurants, die besonders wegen ihrer jeweils unnachahmlichen Weise, das zart-weiße oder auch grüne „Elfenbein" als geschmackliches Erlebnis der Extraklasse zu kreieren, bei den Spargelkennern geschätzt sind.

Café des Artistes

New York/USA

Jenifer und George Lang
33 West 67 Street, New York. N.Y. 10023, USA
Telefon: 001/212/7213100

Mitten in New York, im Stadtteil Manhattan, befindet sich eines der bekanntesten Restaurants der Vereinigten Staaten von Amerika: das *Café des Artistes.* Beliebt wegen seines „old-world ambience" und der dadurch vorherrschenden klassisch-eleganten Einrichtung. Berühmt aber vor allem wegen seiner Spargelgerichte!
Dies kommt nicht von ungefähr. Denn Jenifer und George Lang sind Spargelenthusiasten, wie es sie wohl kein zweites Mal in der Neuen Welt gibt: Ihr Briefsignet wird ebenso von einem künstlerisch gestalteten Spargelbund geprägt wie ihre Räume voll von Exponaten sind, die in irgendeiner Form mit Spargel zu tun haben: Gemälde, Skizzen, Plakate, Porzellan, Statuen und vieles mehr findet sich in der „George Lang Asparagus Collection", die mittlerweile über 500 Gegenstände umfaßt.
Die Spargelkarte weist unter der Überschrift „Asparagusmania" eine Vielzahl von raffinierten Zubereitungsarten auf, wobei das Angebot eines Service einzelner weißer oder grüner Stangen – das Stück zu 1,50 $ – ebenso positiv ins Auge springt wie die Aufzählung der zur Wahl stehenden Begleiter der Delikatesse, angefangen von Vinaigrette über zerlassene Butter bis hin zur legendären Sauce Hollandaise.
Bevorzugte Spargelsorten sind – wie allgemein in den USA – die Grünspargel „Connover's Colossal" und der besonders dunkelgrüne „Mary Washington", aber auch die weißen Stangen finden bei George Lang, dem gebürtigen Ungarn, ihren Weg auf die Karte. Den Unterschied zwischen beiden Arten hat George Lang, der nicht nur als Gastronom, sondern auch als Food-Journalist, als Musiker und Universal-Unternehmer mit höchsten Auszeichnungen dekoriert wurde, einmal so beschrieben, daß man auch Musiker vom Range eines Sir George Solti oder Herbert von Karajan nicht miteinander vergleichen könne.
Trotz seiner vielfältigen und weltweiten Erfolge, die George Lang nicht zuletzt auf seinen speziellen Umgang mit dem Edelgemüse zurückführen kann, ist der junggebliebene Kochkünstler, der seine Laufbahn im Waldorf-Astoria begann, dem Einfachen treu geblieben. So etwa bei seinem Lieblingsrezept, das nach ihm benannt ist.

Blick in das elegante Innere des Café des Artistes.

George Lang vor seiner Spargelsammlung.

Ingredients:
1½ pounds large asparagus spears of approximately the same size, with tightly closed tips: coarse salt and freshly ground black pepper;
2 three-foot lengths of butcher's twine.

Method:
- Rinse and drain the asparagus and cut off the woody ends of the spears. Peel each spear, beginning just below the tip and cutting downward with a vegetable peeler or paring knife.
- Divide the spears into two bunches.
- Hold one bunch of asparagus upright with tip ends down, making sure all tips are even and touching the work surface. Tie securely with twine in the middle of the bunch.
- Using a sharp knife, trim the stalks with a single stroke, if you can manage it, to make the asparagus all the same length. Repeat steps 3 and 4 with the remaining bunch.
- Bring an 8-quart pot with 7 quarts of salted water to a rapid boil. Lower the asparagus bunches into the water. After the water returns to a boil, cook uncovered for approximately 6 to 8 minutes, or until the stalks are tender when pricked with a fork.
- Using a wooden fork, lift the bunches from the water by slipping the fork underneath the twine. Drain well. Cut the twine loose with a scissors and discard.
- Arrange the asparagus in a preheated platter lined with a napkin dipped into the asparagus cooking water. Serve at once with coarse salt and freshly ground black pepper and any sauce you desire.

George Lang's Classic Asparagus

Serves 4 to 6 persons

Life is measured by such simple joys as a plate of perfectly prepared asparagus shared with a perfect person.

George Lang

Das berühmte, hier im Original wiedergegebene George-Lang-Rezept „Spargel klassisch" (für Grünspargel siehe auch Seite 104) war Vorbild für das in aller Welt bekannte Restaurantzeichen von George Lang.

Spargelbund, Signet der George Lang Corporation.

Hotel Rad

Tettnang/Baden-Württemberg

Egon Eberhardt und Herbert Blank
Lindauer Straße 2, D-7992 Tettnang/Bodensee
Telefon: 0 75 42/54 00
Kein Ruhetag. Drei Wochen Ferien im Januar

Als Spargelliebhaber muß man das traditionsreiche Haus in Tettnang, nahe dem Bodensee, kennen. Denn die über 500-jährige Geschichte des *Hotels Rad* wird seit über 70 Jahren auch von der Frühlingsdelikatesse mitgeschrieben. Ein Blick in das sorgfältig gehütete Gästebuch beweist dies: Gekrönte Häupter und Spitzenpolitiker finden sich hier zur Spargelzeit in auffallender Zahl ein. Aber nicht die Prominenz, sondern der ganz gewöhnliche Genießer der weißen und grünen Stangen zählt zu den bevorzugten Gästen des im wahrsten Sinne des Wortes gastlichen Hauses, dessen Patron Egon Eberhardt und Chef de Cuisine Herbert Blank die seit Jahrzehnten berühmte „Spargelspezialkarte" mit 66 Spargelhauptgerichten nicht nur bereithalten, sondern die darauf angebotenen Gaumenfreuden auch in Vollendung kredenzen. Überwiegend stammt der tagesfrische Spargel aus der für hervorragende Produkte bekannten Schwetzinger Region.
Ob das – nach der Qual der Wahl – bestellte Spargelgericht dann in der herrlichen alten Weinstube, der sehenswerten Zirbelstube oder in den übrigen Gasträumen serviert wird, ist im Hinblick auf die unnachahmliche Weise der Zubereitung, aber auch der mehr als freundlich-familiären Art der Bedienung fast nebensächlich: Der Gast spürt, daß hier die hohe Kunst des Spargelkochens zusammen mit der Herzlichkeit eines Familienbetriebes ein Optimum an Spargelgenuß bieten.
Ein Blick in die bereits erwähnte Karte läßt es verständlich erscheinen, daß hier für jeden Geschmack etwas zu finden ist, so etwa mit dem Spargel „Kanadische Art", dessen Reiz in der beigegebenen „bitteren Schokoladentunke" liegt. Oder mit dem Spargel „Brillat Savarin", dessen Begleiter ein Trüffel-Omelette ist. Natürlich – und zu oberster Stelle – enthält die Karte auch den Spargel „Bürgerliche Art", wobei die zerlassene Butter und die neuen Kartoffeln vorzüglich zu den weißen Stangen passen.
Enthalten ist aber auch der Spargel „Elsässer Art", der hier vorgestellt werden soll.

Küchenchef Herbert Blank (links) und Patron Egon Eberhardt.

Das traditionsreiche Haus im Herzen von Tettnang.

Zutaten:

4 Pfund	geschälten Spargel, weiß
40 gr	Butter
60 gr	Mehl
1 l	Spargelfond
2 dl	Rahm
2 dl	Elsässer Riesling
	Zitronensaft, Salz, Zucker

Zubereitung:

● Den Spargel in Salzwasser mit einer Prise Zucker bißfest kochen.
● Die Rieslingsauce wie folgt ansetzen: Butter zergehen lassen, Mehl dazu rühren und leicht anschwitzen.
Sodann die Mehlschwitze abkühlen lassen, heißen Spargelfond dazu geben und unter ständigem Rühren aufkochen und eine halbe Stunde langsam kochen lassen.
● Nun abschäumen, Rahm, etwas Zitronensaft, Riesling und Butterflocken in die Sauce einrühren, das Ganze durch ein Tuch passieren und zum Anrichten die Sauce über den Spargel geben, mit Sauce Hollandaise, pochierten Gemüseperlen, neuen Butterkartoffeln, schwarzem Trüffel und einem Blätterteighalbmond garnieren; mit neuen Butterkartoffeln servieren.

Spargel „Elsässer Art“ mit Rieslingsoße

für 4 Personen

Restaurant Weingarten

Südtirol/Italien

Heidi und Helmut Huber
Hauptstraße 42, I-39018 Terlan
Telefon: 00 39/04 71/25 71 74
Täglich geöffnet; in der Spargelzeit April/Mai kein Ruhetag, sonst Sonntag

Im Herzen des Südtiroler Obst-und Weinanbaugebietes, nur wenige Kilometer von der Landeshauptstadt Bozen und dem bekannten Kurort Meran entfernt, liegt Terlan, die Wiege des über die Grenzen hinaus bekannten „Terlaner Weißburgunders". Nicht nur dieser edle Rebensaft, auch das milde Klima, die reizvolle Landschaft und die angeborene Gastfreundschaft der Bevölkerung wirken seit Jahren wie ein Magnet auf Erholungssuchende.

Terlan, Paradies am Eingang Italiens.

Viele finden diese Erholung im Hotel-Restaurant *Weingarten*, das diesen Namen zu Recht trägt: Die Rebstöcke sind zum Greifen nah.
In den Monaten April und Mai gesellt sich ein weiterer Reiz hinzu: Dann verwandelt sich Terlan in eine Spargelhochburg, der *Weingarten* in ein Spargelparadies.
Hier findet eine Tradition ihre verdiente Fortsetzung. Denn bereits in den 20er Jahren kreierte die Großmutter des heutigen Besitzers die in Italien

Heidi und Helmut Huber.

bekannteste Begleitung zum mittlerweile typischsten Südtiroler Spargelgericht, die „Bozner Sauce". Diese Kreativität lebt weiter und findet ihren Niederschlag in einer großen Palette von feinen Spargelgerichten.
Und die Tatsache, daß ein Großteil des verwendeten Edelgemüses aus eigenem Anbau stammt, setzt dem Genuß in Terlan schließlich die Krone auf.
Daß dem Gaumen- und Gefühlsgenuß auch das Wohngefühl in den geschmackvoll eingerichteten Gästezimmern nicht nachsteht, dafür sorgen ganzjährig Heidi und Helmut Huber, deren ehrliche Gastfreundschaft durch die Kunst ihrer Köche bestätigt wird.

Das urgemütliche Restaurant.

Zutaten:

1 kg	frischer, weißer Spargel
200 g	gekochter Hausschinken (nicht geräuchert)
12–18	Blätterteigpastetchen
4–5 dl	Spargelwasser
1–2 dl	flüssige Sahne
	frischer Schnittlauch
	Gewürze: Salz, Pfeffer, Muskatnuß

Zubereitung:

● Den frischen Spargel sorgfältig schälen und ca. 15 bis 20 Minuten kochen. Butter in einer Terrine zerlassen und mit Mehl einrühren, aber nicht anbrennen, dann mit Spargelfond (von den frisch gekochten Spargeln) aufgießen.
● Mit Salz, Pfeffer und geriebener Muskatnuß nach Geschmack würzen und aufkochen lassen, bis es „cremig" wird; anschließend mit Sahne verfeinern.
● Sodann gekochten Schinken, in kleine Würfel geschnitten, und frischen Spargel – in ca. 2 cm langen Stücken – dazu geben.
Die so erhaltene Spargelfüllung wird in die vorbereiteten warmen Blätterteigpasteten gefüllt und mit Spargelspitzen fein garniert. Die gefüllte Pastete wird vor dem Servieren mit klein geschnittenem Schnittlauch bestreut.

Vol-au-vent mit feiner Spargelfüllung

für 4–6 Personen

Die Ente vom Lehel

Wiesbaden/Hessen

Herbert Langendorf und Johannes M. van Toorn
Im Hotel Nassauer Hof, Kaiser-Friedrich-Platz 3–4,
D-6200 Wiesbaden, Telefon: 06 11/13 36 66

Nur einen Steinwurf von den ebenso großen wie berühmten Spargelanbaugebieten Worms, Mainz, Ingelheim und Darmstadt entfernt liegt Wiesbaden, die Landeshauptstadt von Hessen.
Und mitten in dieser herrlichen Stadt hat sich eine „Ente" eingenistet, die ursprünglich unter ihrem Schöpfer Hans-Peter Wodarz im Münchner Stadtteil Lehel für kulinarische Akzente sorgte, ehe sie dem Ruf in die Metropole der Lebensfreude folgte und so aus der „Ente im Lehel" die *Ente vom Lehel* wurde.
Daß sich dieses Restaurant seit vielen Jahren in der Bestseller-Liste deutscher Gourmet-Tempel immer ganz oben findet, hat weniger mit den illustren Gästen – die sich zum Großteil im „Who's who?" nachschlagen lassen – zu tun, als vielmehr mit der erstklassigen Küche und dem perfekten Service unter Führung von Herbert Langendorf und Johannes M. van Toorn, die zusammen mit Hans-Peter Wodarz die *Ente vom Lehel* zum Eldorado für Feinschmecker aus aller Welt werden ließen. Nicht unmaßgeblich trägt dazu das „königliche Gemüse" bei, gleichgültig, ob als „Erster Spargel in grün mit Waller", als „Spargel mit Hummer und Kalbskopf" oder in der klassischen Form „Spargel in Brioche".
Die Nähe zu den Spargelfeldern, aber auch die besondere Vorliebe der „Entenchefs" für die Frühlingsdelikatesse in all ihren – auch künstlerischen – Erscheinungsformen, lassen in der Saison jeweils einen Hochgenuß erwarten, der durch das besondere Ambiente des mit un-ent-lich vielen Enten bestückten und verzierten Restaurants eine weitere Steigerung erfährt.
Zu den Top-Rezepten der „Entenküche" zählt das hier vorgestellte Gericht. Die riesige Auswahl erlesener Weine vervollständigt das Angebot dieses perfekten Restaurants.

Das „Entennest" im Herzen von Wiesbaden.

Chef de Cuisine Herbert Langendorf und Souschef Patrick Kimpel.

Zutaten:

36 Stück	Stangenspargel weiß
36 Stück	Stangenspargel grün
4 x 80 g	Medaillons vom Kalbsfilet
12 Stück	Hummermedaillons, gekocht
80 g	kleines Gemüse
8	Blätter Wirsing
150 g	Kalbsfleischfarce
1 l	heller Kalbsfond
4 Stück	Schalotten
40 g	Butter
60 g	Roqulabutter
0,4 l	Sahne
40 g	Selleriestreifen, gebacken
	Salz, Pfeffer, Zucker

Zubereitung:

- Grünen und weißen Spargel schälen. In einem Topf mit Butter, Salz und Zucker aufkochen und ca. 8 Minuten ziehen lassen. Im Eiswasser abschrecken und auf einem Tuch abtropfen.
- Eine Form von 7,5 cm Durchmesser auf die Wirsingblätter legen und am äußeren Rand abschneiden. Dann die Form ausbuttern und mit auf entsprechende Länge geschnittenen Spargel abwechselnd aus-

Charlotte von grünem und weißem Spargel mit Kalbsfilet und Hummerkrabben

für 4 Personen

legen. Mit etwas Kalbsfarce den Spargel dünn bestreichen. Auf den Boden das blanchierte Wirsingblatt legen und ebenfalls dünn mit Farce bestreichen.

● Kalbsmedaillons in einer Pfanne mit Butter von beiden Seiten anbraten. Mit Salz und Pfeffer würzen. Erkalten lassen und in die Charlotte setzen. Mit einem Spritzbeutel, gefüllt mit Kalbsfarce, die Zwischenräume ausgleichen und die restliche Farce auf das Kalbsfilet streichen. Mit einem zweiten Wirsingblatt die Charlotte bedecken und leicht am Rand andrücken.

● Butter und Schalotten in einem Topf anziehen und mit 0,4 l hellem Kalbsfond ablöschen. Den Fond auf die Hälfte reduzieren. Mit der Sahne auffüllen und nochmals reduzieren. Die Charlotte mit einer Palette vorsichtig in einen Topf setzen. Mit Kalbsfond auffüllen und auf einem Gitter in die Mitte des Ofens stellen. Im vorgeheizten Ofen bei 180 °C ca. 15 Minuten garen; danach die Charlotte auf ein Tuch setzen.

● Die Sauce mit Roqulabutter aufschäumen und zum Spargel auf den vorgewärmten Teller gießen. Die Charlotte mit der Palette in die Mitte des Tellers setzen. Danach die warmen Hummermedaillons und kleines Gemüse um die Charlotte anrichten.

● Die Charlotte kann auch mit Gemüse, Trüffel oder Geflügel gefüllt werden. Die tournierten Gemüse können beliebig nach Geschmack und Marktangebot variiert werden.

Zur Schwaige

München/Bayern

Annelies und Josef Gassner
Schloß Nymphenburg, „Zur Schwaige“,
D-8000 *München* 19, *Telefon:* 0 89/17 44 21

Wenn im Frühjahr auf dem Viktualienmarkt in München der erste Spargel angeboten wird, beginnt im Schloß Nymphenburg in München, genauer: in der Schloßwirtschaft *Zur Schwaige* eine besondere, nämlich die Spargelzeit. Daß sich die historische Gaststätte, deren Ursprung sich bis in das 17. Jahrhundert zurückverfolgen läßt, in den Monaten April bis Juni zum führenden Spargelrestaurant der „Weltstadt mit Herz“ entwickelt hat, hängt jedoch weniger mit der Affinität des „königlichen Gemüses“ zu dieser fürstlichen Umgebung als vielmehr damit zusammen, daß Annelies und Josef

Die Schwaige in München.

Gassner aus dem bedeutendsten Spargelanbaugebiet in der Nähe Münchens stammen und sie deshalb in besonderer Weise dem weltberühmten „Schrobenhausener Spargel“ buchstäblich die Stange halten. Und so verwundert es nicht, wenn in der Saison Feinschmecker aus aller Welt in der *Schwaige* dem König der Gemüse ihre Aufwartung machen.
Bayerische Gemütlichkeit, gepaart mit selbstverständlicher Perfektion von Küche, Keller und Service, verschafft den – oft auch sehr prominenten – Gästen in den stilvoll renovierten Gasträumen ein unnachahmliches Erlebnis dreifachen Genusses: Für den Gaumen, für das Auge und das Gefühl. Zu verdanken ist dies Annelies und Josef Gassner, die trotz des Erfolges ihrer *Schwaige* weiterhin herzlich-bescheidene „Schrobenhausener“ geblieben sind.

Josef Gassner, bayerisches Urgestein.

Fürstliche Präsentation für das Königsgemüse.

Zutaten:

120 g	Karotten
120 g	Lauch
60 g	Sellerie
1/4 l	Spargelfond
1/4 l	Brühe
2 EL	Petersilie, gehackt
2 EL	Schnittlauch, feingeschnitten
8	große Maultaschen (im Fachhandel)
8	Portionen Spargel (je ca. 7 Stangen)
	Salz

Zubereitung:

- Den Spargel vorbereiten und kochen; das übrige Gemüse putzen, schälen und waschen; sodann in feine Streifen schneiden und blanchieren. Die Maultaschen kochen.
- Kurz vor dem Anrichten wird der Spargelfond und die Brühe mit den Gemüsestreifen in einen Topf gegeben und das Ganze erwärmt sowie etwas gesalzen. Dann werden die Maultaschen und die Kräuter hinzugefügt.
- Zum Anrichten wird der Spargel sorgfältig ausgerichtet auf einen Teller gegeben. Dazu kommen die diagonal durchschnittenen Maultaschen, dicht an den Spargel gesetzt. Anschließend wird der Gemüse-Wurzelsud vorsichtig (die Spargelköpfe sollen freibleiben) über die Stangen gegossen, und die Maultaschen werden mit Schnittlauch garniert.

Spargel nach „Badischer Art“ in Kräuter-Wurzelsud mit Maultaschen

für 8 Personen

Fischer-Stube

Weesen/Schweiz

Hanni und Dieter Frese-Steinbrink
Marktgasse 9, CH-8872 Weesen
Telefon: 00 41/0 58/43 16 08
Täglich geöffnet, Ruhetage Montag/Dienstag;
Ferien: Drei Wochen im Januar
„Spargel und Fisch zur Saison auf den Tisch!“

In der Schweiz ist die *Fischer-Stube* am herrlichen Walensee in der Nähe von St. Gallen, nur gute 70 km von Zürich entfernt, längst zum Inbegriff besonderer Gaumenfreuden geworden. Doch auch in den benachbarten Ländern Deutschland, Österreich und Liechtenstein finden sich ungezählte Gourmets, die „nur“ für ein zartes Albelifilet „nach Hausart“ oder die unvergleichliche Fischsuppe des Küchenmeisters Dieter Frese über das Rheintal und den fjordähnlichen Einschnitt zwischen Walenstadt und Weesen, dem unterhalb Amden und oberhalb des Zürichsees gelegenen verträumten Städtchen, zu einem der echten Geheimtips auf der Landkarte der Gastronomie pilgern: Die *Fischer-Stube* in Weesen.
Das ganze Jahr über geben sich Feinschmecker aus aller Welt die blank geputzte Messingklinke des geschmackvoll renovierten alten früheren „Hotel Rössli“ mit der gemütlichen Stube, in der zahlreiche bejahrte Uhren auf vielerlei Weise die Stunden schlagen, in die Hand. Dies gilt besonders auch in der Frühlingszeit, wenn raffinierte Spargel- und Fischgerichte die Qual der Wahl vor den Genuß setzen.
Mit Auszeichnungen aller Art überhäuft, hoch gelobt und doch so erfrischend menschlich-normal geblieben: Hanni und Dieter Frese, Eigentümer, Koch- und Servierkünstler in Personalunion, schufen eine Atmosphäre des Genießens, in der das königliche Gemüse einen besonderen Stellenwert einnimmt. Und so finden sich in der Saison Spargelkreationen, die bislang in der universalen Welt des Genusses noch einmalig sind: Asparagus und Fisch, eine seltene und gerade deshalb doppelt gut schmeckende Kombination von Delikatessen, die ihren Ursprung im Sand und im See haben. Erstmals gibt der blonde Küchenchef eines seiner streng gehüteten Rezepte preis!

Dieter Frese, Patron und Chefkoch.

Die Fischer-Stube im traditionsreichen Haus am See.

Zutaten:

520 g	Albelifilets (= Filet von jungen Felchen)
1	Ei
2	Tomaten, geschält
8	Stangen weißer Spargel
8	Stangen grüner Spargel
8	Scheiben schwarze Trüffel
20 g	Erdnußöl
1	Prise Meersalz
60 g	Lauch

Für die Sauce zu den Albelifilets:

400 g	Fischfond
200 g	Spargel, gekocht/püriert
1 dl	Doppelrahm
1	Prise Meersalz, Pfeffer weiß

Für den Fischfond:

10 g	Speiseöl
30 g	Zwiebelstreifen
30 g	Lauchstreifen
20 g	Champignons
20 g	Sellerie
400 g	Gräten (Seezunge/Steinbutt)
1 dl	trockener Weißwein
5 dl	Wasser
1/2	Thymianzweig
2 g	Knoblauchzehen
1	Lorbeerblatt (zerdrückt)
	Pfefferkörner (zerdrückt)

Für die Spargelsauce:

200 g	gekochte Spargel, püriert
150 g	Doppelrahm
	weißer Pfeffer, Salz
ca. 1/4 l	Fischfond

Albelifilets mit Spargelspitzen

für 4 Personen

Zubereitung des Fischfonds:

● In einem Topf Speiseöl erhitzen. Die Zwiebeln und Lauchstreifen darin farblos dünsten. Die Champignons und Fischgräten dazu geben. Mit Weißwein ablöschen und mit dem Wasser auffüllen. Zum Kochen bringen und den sich an der Oberfläche bildenden Schaum abschöpfen. Die würzenden Zutaten zufügen und bei niedriger Hitze weiter ziehen lassen. Nach ca. 30 Minuten der Kochzeit durch ein Tuch passieren und ca. 30 Minuten einkochen lassen.

Zubereitung der Spargelsauce:

● Alle Zutaten zum Siedepunkt bringen. Nochmals durch ein Sieb passieren und Butterflocken einschwingen.

Zubereitung der Albelifilets:

● Die Albelifilets durch das aufgeschlagene Ei drehen, abstreifen und in heißem Öl goldgelb braten. Aus der Pfanne nehmen und warm stellen. Nun den blanchierten, in Streifen geschnittenen Lauch auf einer Platte anrichten und die warm gestellten Albelifilets grätenförmig auf dem Lauchbett verteilen. Jedes Filet abwechslungweise mit einer separat gekochten Spargelspitze (weiß oder grün) und den fein geschnittenen Trüffelscheiben garnieren. Alles noch einmal warm stellen und vor dem Servieren etwas frischen Dill darüber geben. Die Sauce separat servieren.

Hostellerie De Hamert

Wellerlooi/Niederlande

Pieter L. H. J. Smits
Hamert 2, NL-5856 CL Wellerlooi
Telefon: 00 31/314/703 12 60
Täglich geöffnet (November bis März jeweils Dienstag/ Mittwoch geschlossen)

Nur wenige Minuten von Venlo, der „Spargelhauptstadt" der Niederlande, entfernt, liegt Wellerlooi – ein kleiner Ort nahe der nur auf der Landkarte existierenden Grenze zur Bundesrepublik Deutschland und unweit des Rheins.
Am Rande dieser Gemeinde, unmittelbar an dem ruhig und behäbig vorbeifließenden Flüßchen Maas, liegt die *Hostellerie De Hamert*, bekannt als eines der besten Spargelrestaurants in Mitteleuropa. Pieter L. H. J. Smits, Gastronom und Eigentümer des Hotelbetriebs, schuf hier in der sandigen Tiefebene, die den Spargel bestens gedeihen läßt, eine richtiggehende Kultstätte für das Edelgemüse, die alljährlich zur Saison von den Liebhabern der Delikatesse als „Muß" für jeden Feinschmecker aufgesucht wird. Über die Bundesstraße N 271 sowohl von Venlo (15 km) als auch Nimwegen (45 km) aus leicht erreichbar, zieht das *De Hamert* die Enthusiasten des Spargelgenusses im Frühjahr förmlich an. Daß dennoch keine Massenabfertigung, sondern stets ein ebenso ausgiebiges wie gepflegtes Spargelessen mit Blick auf den Fluß von jedem Tisch und von der herrlichen Terrasse aus gewährleistet ist, dafür sorgt die Begrenzung der Gästezahl à la carte auf 100 Personen und vor allem der Chef de cuisine, Bertus C. Liefting. Seiner Kochkunst verdankt das Haus den Ruf einer experimentierfreudigen Küche, die schon so manches neue Spargelrezept kreiert und damit so manchen Gourmet verzaubert hat. Daß sich auf der umfangreichen Spargelkarte auch die Klassiker der Spargelrezepte finden, ist ebenso selbstverständlich wie die herzliche Aufgeschlossenheit des Chefs Pieter L. H. J. Smits und seines gesamten Teams.
De Hamert ist jedoch nicht nur kulinarische Station, sondern zugleich auch Ausgangspunkt für Wanderungen in dem gleichnamigen nationalen Landschaftspark.

Eingepaßt in die Natur: De Hamert.

Chef des Hauses: Pieter L. Smits.

Zeitloses Ambiente mit Blick in die Landschaft.

Zutaten:

20	Stangen weißer Spargel
	Olivenöl
	Salz und Pfeffer

Für die Frühlingsrollen:

10	Blätterteigteile (Konditoreiware)
100 g	Kalbslende
150 g	Maishuhnfilet
100 g	Kochschinken
150 g	Bambussprossen
50 g	Weißkohl
75 g	Haricots verts
2	Frühlingszwiebeln
3	Schalotten
	Olivenöl
1	zerpreßte Knoblauchzehe
1 TL	Laospulver
1 TL	Ve-Tsin
1	Eidotter
	Salz und Pfeffer

Für die Sauce:

3 dl	trockener Weißwein
1 dl	Noilly Prat
1 dl	Sahne
½ dl	Sojasauce
250 g	stark gekühlte Butter
1	Schalotte, fein gehackt
	Salz und Pfeffer

Zubereitung:

● Frühlingsrollen: Kalbfleisch, Hühnerfilet und Bambussprossen in streichholzdünne Streifen schneiden. Kohl hobeln, Haricots verts putzen, Frühlingszwiebeln und Schalotten schälen und hacken.
Einen ordentlichen Schuß Olivenöl in der Pfanne erhitzen, Zwiebel- und Schalottenschnipsel einige Sekunden anbraten, ständig umrühren. Dann den Kohl und die Hühnerfleischstreifen dazugeben und bei ständigem Rühren ca. drei Minuten braten lassen. Dazu die Haricots verts, die Schinkenstreifen, Bambussprossen, den Knoblauch, das Laos und Ve-Tsin geben. Alle Zutaten gründlich mischen und mit Salz und Pfeffer abschmecken.

Gebratener Spargel nach chinesischer Art

Warmes Vor- oder Zwischengericht für 10 Personen

Sobald das Gemüse „Biß" hat, das Ganze in ein Sieb schöpfen und abtropfen lassen. Die Blätterteigteile doppelt zusammenlegen, je einen Teil des Gemüses in die Mitte geben und die Teigecken zu einem Kuvert legen. Die Päckchen mit dem Verschluß nach unten auf ein Backblech legen und die Oberseite mit Eidotter bestreichen, im auf 150 °C vorgeheizten Ofen ca. 10 Minuten backen.

● Sauce: Weißwein, Schalottenstücke, Noilly Prat und Sahne in einen Topf geben, zum Kochen bringen und das Gemisch bis zur Hälfte einkochen lassen. Dann vom Feuer nehmen. Während des Backens der Frühlingsrollen die eingekochte Sauce wieder kochen lassen und – weg vom Feuer – die in Würfel geschnittene kalte Butter darunter klopfen. Sauce mit Soja und ein wenig Salz (evtl. auch Pfeffer) abschmecken.

● Spargel: Dünn schälen, evtl. holziges Stangenende entfernen. Stangen diagonal in ca. ½ cm dicke Stücke schneiden. Einen Schuß Olivenöl in einer Pfanne heiß werden lassen und die Spargelstückchen bei ziemlich großer Hitze und ständigem Rühren so lange darin braten, bis sie sich rundherum schön hellbraun färben (der Spargel muß knusprig bleiben!). Durch das Braten à la chinoise – also schnell bei starker Hitze – entsteht der „Maillard-Effekt", und zudem wird durch das schnelle Verdampfen der Spargelflüssigkeit eine Konzentration des typischen Spargelgeschmacks herbeigeführt.

Die gebratenen Spargelstückchen auf warme Teller geben, darauf dann die Frühlingsrollen – und über das Ganze zuletzt ein wenig Sauce.

Restaurant Mayer

Village-Neuf/Frankreich

Simone und Albin Brate
2 Rue de St. Louis, F-68300 Village-Neuf
Telefon: 00 33/89/67 11 15
Täglich geöffnet, Ferien im August

Im südöstlichsten Eck des Städtedreiecks Belfort, Mulhouse und St. Louis, unmittelbar vor den Toren der schweizerischen Stadt Basel und eingegrenzt durch den hier schon breiten Rhein sowie einen kleinen, namenlosen Kanal liegt Village-Neuf. Dieses malerische Dorf, dessen rund 3000 Einwohner auf eine traditionsreiche Geschichte blicken können bis zurück in das Jahr 1684, als der Sonnenkönig (und Spargelliebhaber) Ludwig XIV. per Erlaß die Gründung der Ortschaft anordnete, beherbergt mehrere hervorragende Spargelrestaurants, insbesondere aber das *Restaurant Mayer*, in dessen alten Mauern auch die französische Spargelbruderschaft (dazu: Spargellexikon, S. 134) *Confrerie de L'Asperge de Village-Neuf* ihren Stammsitz hat.
Der Grund dafür ist einfach: Der vom „Vater Rhein" angeschwemmte Sandboden bietet zusammen mit den kundigen Spargelbauern die besten Voraussetzungen dafür, daß nur frischer und geschmacklich bester Spargel auf den Markt oder direkt in die Restaurantküche kommt. Dies wissen auch die Spargelkenner aus nah und fern. So herrscht in der Saison im *Restaurant Mayer* Hochbetrieb, und das Lob über die raffinierten Spargelgerichte ist in vielen Sprachen zu hören.

Große Tradition im kleinen Ort: Restaurant Mayer.

Daß trotz der Pilgerströme, insbesondere aus dem nahen Basel, aus Freiburg oder Mulhouse, das Spargelessen in dem zweihundert Gästen Platz bietenden Haus mit dem idyllischen Blick auf den Kanal vor dem Portal immer das Gefühl des Besonderen bietet, ist nicht nur der eleganten Ausstattung der gemütlichen Gasträume, sondern auch dem Patron des Hauses, Albin Brate, zu verdanken, der mit Unterstützung seiner Frau Simone unauffällig und geschickt die französische Lebensweise „*Man lebt, um zu essen!*" seinen Gästen vermittelt. Daß diese Weisheit vor allem in der Spargelzeit Gültigkeit besitzt, läßt sich auch anhand eines der vielen Rezepte, die sich auf der Spargelkarte wiederfinden, nachvollziehen.

Typisch französisches Landrestaurant: Elegant und gemütlich zugleich.

Zutaten:

28	Stangen weißer oder grüner Spargel
150 g	Karotten
70 g	Sellerie
¼ l	Spargelfond
¼ l	trockener Weißwein
¼ l	Sahne
¼ l	Crème fraîche
1 TL	Mehlbutter
160 g	Butter
	Salz, Schnittlauch

Zubereitung:

● Den Spargel waschen, schälen und (nicht zu weich) kochen. Der weiße Spargel muß noch „Biß" haben (bei Grünspargel-Verwendung: knackige Stangen).
Gleichzeitig: Lauch, Karotten und Sellerie schälen, ausreichend waschen und in dünne Streifen schneiden. Danach leicht blanchieren.
● Spargelfond mit Wein ein wenig einkochen lassen, mit Mehlbutter binden, dazu die Sahne und Crème fraîche einrühren und solange vorsichtig einkochen lassen, bis etwa ⅔ der Ausgangsmenge noch vorhanden ist.
Sodann die Streifen von Karotten, Lauch und Sellerie mit Butter anschwitzen und warm stellen. Die Sauce mit der übrigen Butter aufmontieren.
● Serviervorschlag: Den gut abgetropften, sehr heißen Spargel auf vorgewärmten Tellern anrichten (7 Stangen je Teller), vorsichtig dann die Gemüsestreifen so über die Stangen geben, daß die Köpfchen frei bleiben. Abschließend wird das Gemüse mit der Weinsauce übergossen und mit fein gehacktem Schnittlauch garniert.

Spargel französische Art

für 4 Personen

Hotel Grieser

Schrobenhausen/Bayern

Heidi und Ludwig Grieser
Bahnhofstr. 36, D-8898 Schrobenhausen
Telefon: 0 82 52/20 04, Fax: 20 07
Ruhetage: Freitag bis Samstag 18 Uhr
Ferien: Drei Wochen im August

Sie werden eigentlich in einem Atemzug genannt: Schrobenhausener Spargel und das *Hotel Grieser*, die erste Feinschmeckeradresse in Deutschlands mit bekanntestem Spargelanbaugebiet.
60 Kilometer nördlich von München, an der Achse Ingolstadt – Augsburg gelegen, hat sich das Hotel-Restaurant dank seiner exklusiven Küche längst internationalen Ruf erworben. Zu verdanken ist dies Ludwig Grieser und seiner Kreativität am Herd. Großgeworden inmitten der Spargelfelder rund um das alte Städtchen, führten ihn seine Lehrjahre zu deutschen und französischen Meisterköchen, ehe er dem eigenen Unternehmen seine individuelle Note verlieh.
Dies fand sowohl im Ambiente des Restaurants seinen Niederschlag, als auch und natürlich in der Speisenkarte. Modische, von verschiedenen Seiten forcierte Zeitströmungen waren für Ludwig Grieser dabei eigentlich nie ein Thema. So verbindet er in seiner Küche französische Raffinesse mit den Vorgaben bodenständiger und regionaler Kochkunst. Der Respekt vor den edlen Zutaten, sei es nun frisch gestochener Spargel, direkt aus Frankreich importierte Seefische und Meeresfrüchte, aber auch Wild aus den umliegenden Wäldern findet sich in den Gerichten wieder. Ludwig Grieser bewahrt den Charakter der Grundzutaten, veredelt ihn durch geschickte Kombination und steigert die Gaumenfreuden durch geschickt zusammengestellte Menüs. Ein hervorragend sortierter Weinkeller rundet den Genuß ab.
Aber nicht nur ein Blick auf die Gästeliste und Auszeichnungen belegt den Stellenwert des Restaurants in der Feinschmeckerszene, Ludwig Grieser ist auch als Buchautor gefragt. Zwei Bände über Fische und Meerestiere enthüllten bereits diese Spezialität des Hauses. Mit seinem Beitrag über internationale Spargelrezepte im vorliegenden Werk bestätigt er auch seine Vorliebe für das edle Gemüse, wobei nicht immer nur der weiße Spargel im Vordergrund seiner Kreationen steht, wie das Griesersche Hausrezept beweist.

Modern und elegant: Der neue Gastraum.

Haus mit Familientradition: Hotel-Restaurant Grieser.

Zutaten:

800 g	Grünspargel
250 ml	Weißweinsauce (s. Seite 94)
150 g	Hechtfarce
12	große, getrocknete Morcheln
½	Bund Schnittlauch
	Kerbelblätter zum Garnieren

Für die Hechtfarce:

250 g	frisches Hechtfilet
2	Eiweiß
200 g	Sahne
	Salz, weißer Pfeffer

Zubereitung:

● Spargel gründlich waschen und die Enden schälen. Morcheln mit kochendem Wasser übergießen und eine halbe Stunde ziehen lassen. Herausnehmen, sorgfältig säubern (Sand!) und trockentupfen. Mit Spritzbeutel die Hechtfarce (s. u.) vorsichtig in die Morcheln füllen.

● Gefüllte Morcheln in siedendes Salzwasser geben und bei ca. 80 °C 10 Minuten ziehen lassen. Spargel in sprudelnd kochendem Salzwasser kochen, so daß er noch Biß hat. Weißweinsauce erhitzen und davon auf vier vorgewärmten Tellern jeweils einen Spiegel gießen. Die Spargel auf einem Tuch ablaufen lassen und in die Mitte der Teller setzen. Je eine gefüllte Morchel links und rechts plazieren und die restliche in Scheiben schneiden und damit den Spargel verzieren. Mit Schnittlauch bestreuen.

● Hechtfarce: Das Hechtfilet in Würfel schneiden, mit Salz und Pfeffer würzen und in der Gefriertruhe leicht anfrieren. In der Küchenmaschine oder im Universalzerkleinerer mit dem Eiweiß fein pürieren und nach und nach die gut gekühlte, flüssige Sahne einarbeiten. Anschließend die Masse durch ein Haarsieb streichen und mindestens vier Stunden kühl stellen.

Grünspargel zu mit Hechtmousse gefüllten Morcheln auf Weißweinsauce

für 4 Personen

Franz-W. Müller-Steinfurth:
„Spargelverkauf", Bronze, 1990
(*Schwetzingen, Marktplatz*).

Spargel-Lexikon

Abdeckhaube: Etwa ab Mitte des 18. Jahrhunderts verwendete Behälter in Form von Tonröhren, ausgehöhlten Holunderrohren, Holzhauben und Flaschen zum Abdecken der Spargelstangen zwecks Lichtausschluß (siehe auch Bleichspargel).
Anthozyan: Blauer Pflanzenfarbstoff, der beeinträchtigend auf den Kopf und dann die Stange des Bleichspargels einwirkt, sobald dieser durch die Erde an die Luft stößt.
Apothekenspargel: Spätmittelalterliche Bezeichnung für Spargel, der zur Durchführung verordneter Spargelkuren nur in Apotheken, meist vom Apotheker selbst gezogen, erhältlich war.
Asparagin: Chemischer Stoff mit diuretischer, d.h. harntreibender Wirkung, insbesondere in den Spargelköpfen enthalten.
Asparagus Linné: Botanischer Oberbegriff aller Spargelgattungen, zugehörig zur 6. Klasse und natürlichen Familie der Liliaceae.
Asparagus officinalis Linné: Offizielle botanische Bezeichnung des kultivierten Spargels. Frühere Bezeichnungen: asparagus hortensis; asparagus domesticus (Gartenspargel bzw. gezähmter Spargel im Unterschied zum wilden Spargel). Auch: asparagus sativus und asparagus altilis.
(L = Linné, d.h. der schwedische Naturforscher Carl von Linné [1707–1778] hat als erster wissenschaftlich Spargel beschrieben und ihm die lateinische Doppelbezeichnung gegeben).
Asparagus plumosus: (Federspargel) Für Blumensträuße häufig verwendete Zierpflanze.
Augustus: Kaiser des Römischen Reiches (63 vor Chr. bis 14 nach Chr.), bekanntester Spargelliebhaber der römischen Spargelepoche. Ihm wird der Satz zugeschrieben: „velocius quam asparagi coquentur“ (Tue es schneller, als du Spargel kochen kannst!).
Ausländische Bezeichnungen für Spargel (Auswahl): Französisch: asperge; Italienisch: asparago, spargi; Niederländisch: asperge, spargel; Englisch: asparagus (16. und 17. Jh.), sperage (17. und 18. Jh.), sparrowgrass (= Sperlingsgras); Dänisch: asparages, sparges; Schwedisch: sparges, spargel, spargen; Lettisch: spargeli; Litauisch: sparelis, starelis; Polnisch: szparag; Russisch: sparza; Serbokroatisch: sparog, sparga; Rumänisch: sparanghel, sparangin; Griechisch: asparagos.
Bergspargel: Spargelsorte im Römischen Reich, von der Juvenal berichtet.
Bifang: Erdwall über den Spargelpflanzen, um das Wachstum der Sprossen unter Ausschluß des Lichtes zu erreichen (siehe auch Bleichspargel und Hügelpflanzung); seit Anfang des 19. Jh. gebräuchlich („Pifänge anlegen“).
Bleichspargel: (Auch: weißer Spargel); seit etwa Mitte des 18. Jh. durch verschiedene Hilfsmittel wie Holunder- und Tonröhren, Holzhauben, Flaschen, schließlich Erdaufschüttungen (siehe: Hügelpflanzung, Bifang) erreichte Verzögerung der Farbstoffbildung durch Lichtausschluß; zunächst nur im geringen Umfange, ab Mitte des 19. Jh. jedoch mit dem Aufkommen der Konservenindustrie und der damit verbundenen Notwendigkeit der Gleichförmigkeit des Doseninhalts in Deutschland nahezu ausschließliche Erzeugung des Bleichspargels. Heute auch im traditionellen Grünspargelland Frankreich dominierend (Ausnahme: Südfrankreich).
Brechspargel: Frühere Bezeichnung für durch Brechen gewonnenen Spargel; heute Bezeichnung für mindere Qualität.
Bruchspargel: Für Konserven verwendbare Stücke von Spargel. Darf nicht in Qualitätsbündeln enthalten sein.
Cato: Römischer Konsul (234 vor Chr. geboren) schrieb in seinem zwischen 175 und 150 vor Chr. entstandenen Werk „De agri cultura“ die erste bekannte Anbauanleitung über Spargel.
Chlorophyllbildung: Bewirkt das Ergrünen der Spargelköpfe und der Stangen nach dem Durchstoßen des Bodens (bei Bleichspargel ein negatives Qualitätsmerkmal, bei Grünspargel natürliche Voraussetzung).
Corruda: Wildwachsender Spargel in der Antike und Frühzeit; nach Plinius auch zu Beginn der nachchristlichen Zeitrechnung „reichlich in Obergermanien vorkommend“.
Dörrspargel: An Schnüren aufgereihte, luft- oder heißluftgetrocknete Stangen, die schon bei den Römern im Winter Verwendung fanden.
Düngung: Wesentlichste Voraussetzung für das Gedeihen des Spargels; schon Cato empfahl um 150 vor Chr. Schafsmist. Ein eigener Zweig der Wissenschaft befaßt sich heute damit. Heute üblich außer Stall- und Kompostdüngung mit Stickstoff- und Kalisalzbeimengung sowie Gründüngung – Kunstdünger, insbesondere mit Magnesiumbestandteilen.
Edelgemüse: Herkömmliche Bezeichnung für Spargel seit dem 16. Jh. (auch: königliches Gemüse und Gaumenschmeichler genannt).
Europäisches Spargelmuseum: Sitz: Schrobenhausen/Bayern. Sammlung einzigartiger Exponate über den Spargel in den Dimensionen Kunst, Kult und Kultur. 1983 initiiert von Rechtsanwalt Dr. Klaus Englert, gegründet 1985 als „Deutsches Spargelmuseum“, seit 1991 „Europäisches Spargelmuseum“ mit über tausend Exponaten. Davon ausgestellt ca. fünfhundert Exponate.
Federspargel: Siehe Asparagus plumosus.
Flaschenspargel: Im 19. Jh. zum Patent angemeldetes Verfahren, weißen Spargel durch Aufsetzen einer Flasche möglichst lang zu erhalten. Wird vereinzelt noch heute in Frankreich als besondere Delikatesse gezogen, insbesondere auch wegen der oft bizarren Formen, die sich in der Flasche durch „Umwachsen“ ausbilden.
Grünspargel: Bis Mitte des 18. Jh. ausschließlich erzeugter Spargel; heute vor allem in Südfrankreich und den USA. Verstärkter Anbau nun auch in der Bundesrepublik Deutschland und in den Niederlanden; wird über dem Boden gestochen; durch Lichteinwirkung ist der oberste Teil der Sprosse grün, der Geschmack deutlich herber und „gemüseähnlicher“, die Vitaminanreicherung größer als beim Bleichspargel (Länge der Stange 17 bis 22 cm).
Handelsklassen: Seit der Mitte des 19. Jh. gebräuchliche Klassifizierung von Spargel nach Größe und Aussehen; zunächst nur örtliche Handelsbräuche, später allgemein verbindliche Übereinkünfte (z.B. Schwetzinger

Marktordnung), nunmehr im Rahmen der Europäischen Gemeinschaft (EG) gültige Normen. Klassen: „Extra", „I", „II" und „III".
Hopfenspargel: Keimlinge von Sprossen der Hopfenpflanze, die wie Spargel genossen werden können. Geschmacklich völlig anders. Heute wegen der chemischen Behandlung der Hopfenanlagen nicht mehr sehr verbreitet.
Hügelpflanzung: Aufbringen der Wurzeln (einzeln) auf einem Erdhügel.
Johanni – 24. Juni: Traditioneller letzter „Stichtag" für die Spargelernte, um danach der Pflanze Gelegenheit zur Assimilation und damit Stärkung zu geben. Überschreitung des Termins nur zum „Totstechen" von Spargelkulturen.
Kladodien: Büschelartige Kurztriebe (Spargelblätter). Ihre Hauptaufgabe ist die Assimilation.
Korallenbeere: Frucht der Spargelpflanze, auch „Teufelstraube" genannt; erbsengroß, ziegelrot, bis 8 mm dicke kugelige Beere, in der sich der Spargelsamen befindet.
Marsch-Spargel: Spargelsorte in Ägypten um 200 nach Chr. (neben dem Bergspargel).
Pflanzarten:
1. Beetpflanzung für mehrreihige Anlagen;
2. Reihenpflanzung für einreihige Anlage;
3. Grubenpflanzung für Einzelspargelanlage.

Pflanzgraben: Ca. 40 cm breit und 30 cm tief, dient zum Aufnehmen der Jungpflanzen.
Qualitätsspargel: Spargel, der den Anforderungen der Handelsklassen (siehe dort) entspricht.
Rhizom: (Spargelwurzelstock) Bei allen Spargelspezies ausdauernd, besteht aus dichtem Bündel filziger, dicker, walzenförmiger und fleischiger Wurzeln, die tief in den Boden eindringen und sich dort weit ausbreiten können. Der Spargelwurzelstock bildet das sogenannte Rhizom, an welchem sich oben zahlreiche Knospen befinden, die als Anlage für die Stangen dienen.
Samenbeere: Etwa erbsengroße, kugelige Beere der weiblichen Pflanze, wird im Verlauf der Reife ziegelrot und enthält 3 bis 4 mm breite, runzelige Samen (siehe auch Korallenbeere).
Schruppeisen: Ca. 20–30 cm breites, quer zum Stiel befestigtes Messer zum abschruppen (abschneiden) des Unkrautes an und zwischen den Bifängen.
Schwarzspargel: Volkstümliche Bezeichnung für Schwarzwurzelgemüse als Spargelersatz (sogenannter „Spargel des kleinen Mannes").
Setzholz: Dient zum Distanzhalten beim Pflanzen des Spargels.
Spargel: (1) Allgemeine Bezeichnung für junge Triebe von Pflanzen, die noch zart und nicht verholzt sind. Hieronymus Bock schreibt im 16. Jh. bereits: „Sonst ist der nam Asparagus ein gemeiner name aller Kreutter, die das erst mal jre junge Dolden oder bletter herfür stoßen." (2) Gebräuchliche Bezeichnung für das aus den Sprossen des asparagus officinalis L. gewonnene Gemüse.
Spargelaroma: Typischer Geschmack des frischen Spargels, der je nach Sorte und Boden verschieden ist.
Spargelarten: Die Wissenschaft kennt rund 100 verschiedene Spargelarten.
Spargelausstellung: Erstmals 1875 in Schwetzingen veranstaltete Schau zur Vorstellung und Prämierung verschiedenen Saatgutes und neuer Zuchterfolge. Heute in vielen Anbaugebieten, meist auch bei Landwirtschaftsausstellungen, üblich.
Spargelbaum: Strauch (rhamnus frangula), der wegen seines weichen, weißen Holzes mit Spargel in Beziehung gebracht wurde.
Spargelbeere: siehe Korallenbeere.
Spargelbeet: Anlage zum kontrollierten Wachstum des Spargels in Forschungsanstalten, aber auch in Gärten.
Spargelblätter: siehe Kladodien.
Spargelblüte: Nach Ende der Ernte wächst die Spargelstange zu einer Staude aus, die bis zu 3 m hoch wachsen kann. Die Blätter oder Kladodien (siehe dort) entstehen. Etwa Mitte August zeigen die männlichen Pflanzen glockenförmige Blüten während bei den weiblichen Pflanzen die Samenbeeren (siehe dort) entstehen.
Spargelboden: Allgemein kann gesagt werden, daß Bleichspargel am besten auf leichten, sandig-humosen Boden gedeiht, während Grünspargel auch auf schweren Böden angebaut werden kann.
Spargelbohne: Pflanzenart (Lotus), die nicht mit Spargel verwandt ist.
Spargelbriefmarken: Bisher sind zwei Länder bekannt, die ein Spargelmotiv postalisch verwendeten: Österreich 1974 und Cuba 1969.
Spargelbrüderschaft: Vereinigung von Gourmetfreunden, die den Spargel und seine Kultur fördern. Bekannt: „Confrérie De l'Asperge" in Village Neuf (Frankreich) und „confrérie de l'asperge 'limbourgondié" in Limburg (Niederlande). Die Kandidaten müssen sich einer strengen Prüfung unterziehen und bekommen nach bestandenem „Examen" die Ritterwürde mit Urkunde und Orden.
Spargelbündel: Seit der Antike wird Spargel zum Kochen bündelweise zusammengefaßt (so auch auf dem ältesten bekannten Gemälde aus Pompeji) (Abb. Seite 10).
Spargelbündler: Seit dem 19. Jahrhundert, erstmals in Frankreich eingesetzte Hilfsvorrichtung zur leichteren und einheitlichen Bündelung der Spargelstangen (siehe Spargelbündel).
Spargeldeckeldose: Ab etwa Mitte des 18. Jahrhunderts verwendete Behälter aus Keramik oder Porzellan in Form eines Spargelbündels, die entweder als reine Tischdekoration oder zum Füllen mit Butter und Soßen für die fürstlich gedeckten Tische dienten.
Spargelegge: Diente früher zum Lockern und Reinigen der Spargelbeete, gefolgt von einer Eindringwalze, wobei die Walze die Aufgabe hatte, das zu tiefe Eindringen der Egge zu verhindern.
Spargelerbse: (Lotus siliqosus). Die Triebe dienen als Spargelersatz. Die Bezeichnung Spargelerbse wird auch für in kleine Stücke geschnittene Grünspargel (in „Erbsengröße") verwandt.
Spargelernte: Im dritten Jahr nach dem Einsetzen der Jungpflanze wird der Spargel erstmals geerntet. Die Erntezeit beginnt etwa Mitte bis Ende April und endet allgemein am 24. Juni, es sei denn, ein Feld wird „totgestochen" (siehe dort).
Spargelertrag: Pro Hektar rechnet man in der Erntesaison mit ca. 2 000–3 000 kg. Der Ertrag ist jedoch sehr stark witterungsabhängig.
Spargelertragsdauer: Wird beeinflußt von Bodenkraft (siehe Düngung), Standweite und insbesondere auch durch die pflegliche Behandlung beim Stechen; im allgemeinen bis zu 15 Jahren. Der in seiner Entwicklung ungehindert flach wachsende wilde Spargel erreicht infolge ständiger Verjüngung ein praktisch endloses Alter.
Spargelfingerzange: Ersatz für die früher übliche Benutzung der Finger als Eßwerk-

zeug. Seit dem 18. Jahrhundert vor allem in den herrschaftlichen Häusern verwendet. Heute nur noch vereinzelt in Gebrauch.

Spargelfliege: (Platyparea poeciloptera) Schädling, der seine Eier durch Stich in oder an die Pflanze bringt. Die Maden wachsen im Inneren der Stengel.

Spargelgeräte: Oberbegriff für alle Gerätschaften, die speziell für den Spargelanbau seit dem 18. Jahrhundert entwickelt wurden.

Spargelgericht: Speise unter Verwendung von Spargel als Hauptbestandteil.

Spargelgeschirr: Spezielle Form von Keramik zum Servieren der Spargelstangen. Seit dem 18. Jh. als Platten und Liegen; Teller erst seit dem 20. Jh. im Gebrauch.

Spargelhähnchen: (Crioceris asparagi). Blattkäfer mit rotbraunem Halsschild, der mit seinen Larven das Laub der Spargelpflanzen frißt.

Spargelheber: Tortenschaufelähnliches Gerät zum Servieren der Spargelstangen, meist mit Querrillen (siehe auch: Spargelzange).

Spargelinhaltsstoffe: Spargel besteht zu 93 bis 95 % aus Wasser. Die restlichen 5 bis 7 % verteilen sich auf rund 2 % Proteine, 3 % Kohlehydrate, 0,8 % Rohfasern, 0,6 % Mineralstoffe und 0,1 % Fette und fette Öle. Genauer betrachtet, finden sich in einem jungen Sproß eine Vielzahl von Inhaltsstoffen: Asparagin, Arginin, Tyrosin, Saccharose, Pentosane, Asparagose, Pseudoasparagose, kaliumreiche Mineralstoffe, Vitamin A und C, Bernsteinsäure, Diosgenin, Jamongenin, Sarsapogenin, Fett, fettes Öl, Rohfasern, Arsen in Spuren, Koniferin und Vanillin. Im Unterschied zum Bleichspargel weist der Grünspargel wegen des höheren Vitamingehaltes einen besseren Nährwert auf.

Spargelkäfer: (Crioceris duodecimpunctata) Auch Schirmkäfer genannt; lebt auf und vom Spargel.

Spargelkaffee: Aus Spargelsamen gewonnenes Surrogat für Kaffee, insbesondere zur Zeit Napoleons I. um 1806 wegen der durch die Kontinentalsperre bewirkten Kaffee-Einfuhr-Reduzierung.

Spargelkeller: Seit dem 18. Jahrhundert gebräuchliche, meist aus Ziegeln errichtete, rechteckige Form zur „Erziehung" des Spargels im Winter.

Spargelklee: Art aus der Gattung Hornklee ohne Bezug zum Spargel.

Spargelkochwasser: Ausgangsmedium für die Spargelzubereitung seit der Antike. Zusatz von Salz (ein gehäufter Teelöffel/Liter) bei weißem Spargel. Bei Grünspargel zusätzlich eine Prise Zucker.

Spargelkochzeit: Je nach Sorte und Dicke verschieden. Zwischen 4 und 30 Minuten. Die Garzeit ist erreicht, wenn sich die Stangen am dickeren Ende leicht anstechen lassen. In der Regel weißer Spargel 10 bis 20 Minuten, Grünspargel 8 bis 15 Minuten.

Spargelkohl: Andere Bezeichnung für Brokkoli-Gemüse.

Spargelkönigin: Seit 1975 auf Initiative des Gastronomen Jakob Stief sen. in der Anbauregion Schrobenhausen eingeführte Wahl einer jungen Dame zur Repräsentation des „königlichen Gemüses" in Presse, Rundfunk, Fernsehen, bei der Werbung und Empfängen. Voraussetzung ist eigener oder elterlicher Spargelanbau.

Spargelkonserve: In der Mitte des 19. Jahrhunderts in Braunschweig entwickelte Methode, Spargel in einer Blechdose einzulöten und dadurch länger haltbar zu machen. Heute im Angebot: Stangenspargel, Brechspargel und Spargelköpfe. Daneben Bruchspargel in sogenannten Mischgemüse-Dosen.

Spargelkürbis: Speisekürbis, der keine Ranken bildet und porzellanweiße bzw. glänzend-grüne Früchte bringt (daher der Name). Auch: Zwergkürbis.

Spargellade: Dreiseitiger Holzkasten als Hilfsmittel zum Abschneiden der Spargelenden auf einheitliche Länge vor dem Verkauf.

Spargelland: Frühere Bezeichnung für die reine Anbaufläche, heute Regionsbezeichnung für Anbaugebiete, z. B. Schrobenhausener Spargelland, Volkacher Spargelland.

Spargellehre: Meßholz zur Bestimmung von Wuchs und Größe der Spargelstangen. Heute aus Metall gestanzt (siehe auch Handelsklassen).

Spargellikör: Nicht unbedingt aus Spargel hergestellter Likör, der jedoch ähnlich den Birnen-Flaschen inwendig eine weiße Spargelstange enthält.

Spargelliteratur: Spezielle Abhandlungen über Anbau und Verwertung von Spargel in Form von Monographien, Aufsätzen und Kurzbeiträgen (siehe Literaturübersicht). Bedeutende Sammlungen: Forschungsanstalt Geisenheim/Rhein, Europäische Gartenbaubücherei bei der Technischen Universität Berlin, Europäisches Spargelmuseum Schrobenhausen.

Spargelmuseum: Siehe Europäisches Spargelmuseum.

Spargelnamen: Seit 1516 „Spargel" (erstmals in Augsburg). Im 14. Jh. „sperhagen", im 15. Jh. „spargen", „asparagus", „sparges". Regional verschiedene Bezeichnungen, z. B. „Spargus" (Pommern 1828); „Sparjes" (Bremen 1770); „Sparges" (Aachen); „Schpargel", „Spergel" (Niederböhmen); „Spargele", „Sporje" (Frankfurt/Main); „Sparigel" (Niederösterreich); „Spargle(n)" (Deutschschweiz); „Sprajel" (Lothringen); „Speigle" (Billigheim/ Pfalz); „Sporcheln" (Oberelsaß). Auch (umgangssprachlich): Spike, Spieke, Donnerwurz, Schwammwürz, Hosendall (Anspielung auf Aphrodisiakum).

Spargelnormen: 304 nach Chr. erstes bekanntes „Spargeldekret" durch Kaiser Diocletian (Spargelhöchstpreisverordnung). Über Regionsvereinbarungen heute allgemein gültige Normen zur Spargelsortierung und Bezeichnung.

Spargelplatte: Spezielles Spargelgeschirr meist mit naturalistischer Darstellung des Spargels in Keramik und Silber, seit dem 19. Jh. (siehe auch: Spargelgeschirr).

Spargelredewendungen: „Tue es schneller, als Spargel gekocht ist!" (Augustus); „Was eine Traubenkur im Herbst, ist eine Spargelkur im Frühling" (Altmärker Werbung); „Eßt mehr Spargel!" (Werbung um 1925); „Wie sehr die wilde Spargen sticht, Pringt sie doch hertzlich süße Frucht." (Ehzuchtbüchlein 1578); „Laßt die Spargel munter schießen, laßt die Buttersauce fließen, taucht die Spargel fluchs hinein, doch laßt keinen holzig sein!" (Fassadenspruch aus Schwetzingen). „Bis Johanni – nicht vergessen – sieben Wochen Spargel essen!" (Alter Spargelreim).

Spargelschäler: Messerartiges Küchengerät zum Entfernen der harten, fasrigen Schale der Stangen. Seit Ende des 19. Jh. in Gebrauch. Bekannt: „Braunschweiger Messer".

Spargelschaufel: Gebogenes schaufelförmiges Gerät, wird wie das Stechmesser (siehe dort) zum Ernten der Spargelstangen eingesetzt.

Spargelsirup: Harntreibendes, homöopathisches Mittel, auch als Aphrodisiakum verwendet.

Spargelsorten: Seit dem 19. Jh. gibt es zahlreiche, meist auf Gebiets- oder Züchternamen lautende Sorten. Auswahl (ohne Qualitätszuordnung): „Gelber Burgunder Spargel" (Züchter: A. Lucke, Osterburg), „Schneekopf" (Z.: B. Pee, Hallerstadt) (auch verbreitet als „Gubener Riesenspargel", „Non plus ultra", „Weißköpfiger Riesenspargel", „Weißkopf", „White Columbian", „Silberblick"). „Connovers Colossal" (Z.: P. Henderson, New Jersey), „Palmetto" (auch „Wunder von Amerika"), „Ruhm von Braunschweig" (Z.: N. Osten); „Erfurter Riesenspargel", „Schwetzinger Meisterschuß" (Z.: G. A. Unselt), „Lucullus", „Huchels Leistungsauslese" (Z.: Huchel); „Optima", „Rekord", „Sieg", „Heiser", „Spaganiva" (zum Teil finden sich mehrere Untergruppen der Sorten, z. B. beim Lucullus 6 Arten). Französische Sorten (Auswahl): „Argenteuil" (mit verschiedenen Untergruppen), „Darbonne 231", „Minerve", „Junon", „Diane", „Aneto", „Desto", „Larac", „Steline", „Cito", Niederländische Sorten: „V 18 x L 10", „Limbras" (4 Untergruppen).

Spargelspitze: Oberster, weichster Teil der Spargelstange, der besonders gegen Frost empfindlich ist. Als „Spargelkopf" eigene Handelsklasse.

Spargelsproß: Aus dem Rhizom (siehe dort) entstehende Spargelstange.

Spargelstechen: Für den Erntevorgang beim Bleichspargel gibt es drei Methoden, deren Anwendung von der persönlichen Einstellung und vom Gebiet abhängt. (1) Der Spargel wird mit den Fingern freigegraben und mit dem Erntegerät „Spargelschaufel" oder „Stechmesser" (siehe dort) gestochen. Dann wird mit der Glättekelle das Loch zugezogen und geglättet. (2) Gleicher Vorgang wie beschrieben, die Spargelstange wird jedoch möglichst tief mit der Hand erfaßt und mit einem kurzen Ruck von der Krone gerissen. Verletzungen durch ein Messer sind hierdurch ausgeschlossen. Die Gefahr, daß die Spargelstange abbricht, ist jedoch groß. (3) Es wird nur der Kopf und der oberste Teil der Stange freigelegt, und man sticht blind mit dem Messer. Bei dieser Methode besteht die größte Verletzungsgefahr für die Pflanze.

Spargelstengel: In der Wachstumsphase der 2. Jahreshälfte entstehender, mehr oder weniger holziger Stiel, verästelt und verzweigt, aufrecht, dünn, rankend, wird bis 3 m hoch.

Spargelstock: Bezeichnung der einzelnen Pflanze. Sie kann samentragend (weiblich), nicht samentragend (männlich) und gemischtgeschlechtlich sein (zählt zu der triözischen Gruppe der polygamischen Pflanzen).

Spargelsud: Wasser, in dem Spargel oder Spargelschalen ausgekocht werden. Dient auch als Grundbestandteil für Suppen und Soßen.

Spargeltopf: Spezieller Topf mit Einsatz zur Zubereitung des Spargels, bekannt seit dem 19. Jahrhundert, vermutlich um 1870 durch Katharina Prato in die Kochlehre eingeführt.

Spargelversteigerung: Vor allem in den holländischen Anbaugebieten übliche Form des Spargelverkaufs auf den Großmärkten (siehe Veiling-Versteigerungsverfahren).

Spargelvorkommen: (1) Wilder Spargel: an grasigen Abhängen, auf Dünen, Schuttplätzen, an Wegrändern, Ufern, steinigen Orten, in Weinbergen, Hecken, auf Flußgeschiebe, an Dämmen, bis zu 1500 m Meereshöhe (siehe Bergspargel). (2) Kultivierter Spargel: vorwiegend auf sandigen Böden.

Spargelwasch- und -schneidemaschine: Maschine die das Waschen, Abschneiden und Sortieren des geernteten Spargels in aufeinanderfolgenden Arbeitsgängen vornimmt. Das Sortieren ist dabei aber nach wie vor dem menschlichen Auge vorbehalten.

Spargelwhisky: Aus Samen und Beeren gewonnenes Alkoholgetränk, ähnlich dem Whisky aus Getreide. „Mild" bei Gewinnung aus maskulinem Samen, „Herb" bei femininem Rohprodukt.

Spargelwurzelstock: Siehe Rhizom.

Spargelzange: (siehe auch Spargelheber). Seit dem 17. Jh., vorwiegend in herrschaftlichen Häusern, zum Vorlegen des Spargels in Gebrauch. Häufig auch in sogenannter Scherenform; in kleiner Art auch zum Verzehr des Spargels statt der Benützung der Finger (siehe Spargelfingerzangen).

Spargelzeit: Herkömmlich die Monate der Spargelernte zwischen Ende April und Ende Juni. Durch Folienanbau heute schon ab Ende März möglich.

Spargelzucht: Allgemein verwendeter Begriff für Anbau und Züchtung des Spargels.

Spitzenwelke: Meist zurückzuführen auf mangelnde Wasserversorgung und einseitigen Nährstoffgehalt des Bodens. Kann auch auf die Saugtätigkeit der Gemeinen Wiesenwanze (Lygus pratensis) zurückzuführen sein.

Standweite: Abstand der einzelnen Pflanzreihen und der Pflanzen zueinander.

Stechmesser: Seit der Mitte des 18. Jahrhunderts gebräuchliches Spezialmesser zum Stechen (ernten) des Spargels, erstmals beschrieben 1781 von C. F. Seidel. Aus zahlreichen Typen haben sich drei Grundformen durchgesetzt.

Steinspargel: Alte Bezeichnung für Wildspargel.

Teufelstraube: Alte Bezeichnung für die ziegelroten Beeren des Spargels (siehe auch: Korallenbeere).

Totstich: Bezeichnung für die „endlose" Stechzeit vor dem Auspflügen der gesamten Kultur bei Überalterung der Pflanzen (in der Regel nach 12 bis 15 Jahren).

Veiling-Versteigerungsverfahren: Bevorzugtes Versteigerungssystem für Spargel. Ausgehend vom Höchstpreis wird mit Abschlag angeboten. Der auf den sinkenden Preisvorschlag Sofortbietende erhält (als Erst-Höchstbietender) den Zuschlag.

Violett-Spargel: Spargel, dessen Kopf bereits dem Licht ausgesetzt war. Dadurch etwas herber Beigeschmack; Vorstufe zum Grünspargel.

Wildspargel (corruda): Wildwachsender Spargel, sehr ausdauernd und anspruchslos.

Wurzelfäule: Pilzbefall der Wurzeln, der zum Absterben der Spargelpflanze führen kann.

Wurzelkrone: Oberer Teil der gesamten Wurzel, liegt bis zu 35 cm unter dem gewachsenen Boden, bildet das Zentrum der kräftiglangen Wurzeln (siehe auch: Rhizom).

Zierkraut: Spargelkraut wird oft als Zierkraut verwendet. Speziell: Federspargel (siehe dort).

Spargelliteratur

I. Monographien

Bayerischer Landesverband für Obst und Gartenbau e.V. (Hrsg.) (um 1925): Kurz ist die Spargelzeit! München.

Biester: Der Spargel und seine Kultur (ohne Jahr und Ort).

Böttner, Johannes (1899): Praktisches Lehrbuch des Spargelbaus, Frankfurt/Oder, 8. Aufl. 1929.

Born, Hans-Ulrich (1981): Beurteilung und Regulierung der Magnesium-Ernährung des Spargels Asparagus officinalis L., Diss., Hannover.

ders. (1979): Nährstoff-Mangelsymptome bei Spargel, Geisenheim.

Buchholz, Heinrich (1932): Das Spargelstechen. – Eine arbeitswissenschaftliche Studie, Berlin.

Bürstenbinder, N. (1890): Feldmäßiger Spargelbau, Berlin.

Burmaster, G. *und Bültemann*, A. (1880): Der Spargelbau mit besonderer Berücksichtigung der Braunschweiger Kultur, Braunschweig.

Cohrs, Helga (1963): Der Spargelanbau im Landkreis Schrobenhausen, München.

Debus, Paul (1931): Wege zum erfolgreichen Spargelbau, Graben.

Diel, Joseph (1934): Erzeugung und Absatz von Spargel, Berlin.

Dressler, E. (1900): Der Spargel, Berlin.

Eichholtz, G.: Der Spargel im Garten- und Feldanbau (ohne Jahr und Ort).

Ernst, Manfred (1976): Spargel im Garten, Berlin.

Göschke, Franz (1874): Die rationelle Spargelzucht, 1. Aufl. Berlin.

ders. (1904): Einträgliche Spargelzucht, Leipzig.

Greiner, Hans-Dieter (1980): Untersuchungen über Viren und Fusarien an Spargel (Asparagus officinalis L.) im nordbadischen Anbaugebiet unter besonderer Berücksichtigung einer Virus-Pilz-Wechselbeziehung, Diss., Hohenheim.

Hahn, Mechthild und *Zell*, H. (1964 ff.): Spargelanbau, Stuttgart.

Hanna, G.C. (1935): Asparagus Production in California, Berkeley.

Hartmann, H.D. u. *Wuchner*, A. (1975): Spitzenwelke bei Spargel, Geisenheim.

Hassebrank, K. (1962): Der Spargelrost, Merkblatt Nr. 25, Biolog. Bundesanstalt für Land- und Forstwirtschaft, Braunschweig.

Heinemann, F.C. (um 1900): Die Kultur des Spargels, 5. Aufl., Erfurt.

Hertel, Fritz (1951/1981): Spargelbau, Minden.

Hessisches Landesamt für Landwirtschaft (Hrsg.) (1975): Spargel: Information für Beratung und Praxis, Kassel.

Junge, E. (1925): Spargelbau und Spargelverwertung Wiesbaden.

v. Lamsdorf, Freiherr Josef (1920): Das Spargelbuch, Linz.

Laubert, N. und *Wilde*, N. (1930): Spargelschädlinge und ihre Bekämpfung, 5. Aufl.

Lipschitz, A. (1916): Neue Erfahrungen über Anlage und Düngung von Spargelpflanzungen, Bochum.

ders. (1916): Erfolgreicher Spargelbau unter besonderer Berücksichtigung der neueren Anbauarten, der Düngung und der Zwischenkulturen, Hannover.

Löptien, Harm (1977): Untersuchungen zur Identifizierung des Geschlechtschromosoms und zur Vererbung der Andromonözie beim Spargel (Asparagus officinalis L.), Diss., Hannover.

Matejek, Gerhard (1965): Der Spargelanbau im Landkreis Schrobenhausen, München.

Meyer, E.H. (1927): Spargelbau und Konservengemüse nach Braunschweiger Methode, Berlin.

Moreau, Bernhard und *Zuang, Henri.* (1977): L'Asperge, Paris.

Pätzold, E. (1932): Spargelbau, Leipzig.

Plöckl, Josef (Hrsg.) (1982): Spargelkultur im Schrobenhausener Land, Pfaffenhofen. 1982

Rasp, Helmut (1973): Qualitätserzeugung im Spargelanbau, Speyer.

Riepl, Christoph (1983): Der Anbau von Spargel – unter besonderer Berücksichtigung des Anbaugebietes Schrobenhausen, Regensburg.

Rörig, G. und *Krüger* (um 1900): Spargelschädlinge (hrsg. v. d. Biolog. Abteilung des kaiserlichen Gesundheitsamtes Berlin).

Rolow, B. (1825): Die Kultur des Spargels, Leipzig.

Schamal, Johann (1852): Die Spargelzucht zu Jungbunzlau.

Scheunen, A.: Spargel ist gesund! Leipzig, o. Jahr.

Seidel Christoph Friedrich (1781): Kurze Anweisung den Spargel mit wenigen Kosten und zugleich vorzüglich schön zu bauen, Erlangen.

Seitz, P. (1974): Flachfolien, Landwirtschaftskammer Rheinland, Heft 6.

Stobbe, Siegfried (1929): Feldmäßiger Spargelanbau in neuzeitlicher Beleuchtung, Braunschweig.

Ulmer Spargelgärtner (1828): Der Ulmer Spargel-Gärtner oder Nachricht, wie bei Ulm der Spargelbau getrieben wird, Ulm.

Unselt, G.A.(1917): Die Steigerung der Spargelerträge, Schwetzingen.

Vothmann, Johann Georg (1784): Die richtigste und nutzbarste Anlegung und Wartung des Spargels, Flensburg/Leipzig.

Wendisch, Ernst (1895): Praktische Anleitung zum Spargelbau, Berlin.

Wonneberger, Christoph 1978): Spargel, Osnabrück.

Anonym (18. Jh.): Gründliche Anweisung den Spargel vorzüglich schön und auch dauerhaft anzulegen nebst einem Unterricht, wie man den ganzen Winter mit wenigen Kosten Spargel erzeugen kann. Budißin, Leipzig.

Anonym (1824): Der Spargelbau, wie er eigentlich zu behandeln ist, Wien.

II. Beiträge in Lehrbüchern und Zeitschriften sowie Vorträge (Auswahl)

Arbeitskreis Spargelanbau in Südwestdeutschland: Jahresberichte, Ingelheim-Geisenheim.

Banzhaf, A. (1971): Der Anbau von Spargel, in: Der Landbote 3, S. 12.

Becker-Dillingen, J. (1950): Der Spargel, in: Handbuch des gesamten Gemüsebaues, S. 818 ff., 5. Aufl., Berlin-Hamburg.

Beckmann, Johann (1790): Von dem Spargel, in: Grundsätze der teutschen Landwirtschaft, Göttingen.
Bielka, R. (1965): Spargel, in: Feldgemüseanbau, VEB Deutscher Landwirtschaftsverlag.
Blaszinski, J. (1972): Verschiedene Standweiten und ihr Einfluß auf den Ertrag, in: Gemüse, 8, S. 142.
Crüger, G.(1972): Spargel, in: Pflanzenschutz im Gemüsebau, Handbuch des Erwerbsgärtners, Stuttgart.
Dennig (1928): Wie haben sich die einzelnen Spargelhäufelgeräte in der Praxis bewährt? in: Obst- und Gemüsebau.
Drechsler, Hans (1983): Morgens im Mai, in: Zeitmagazin, Nr. 21, vom 20. 05., S. 9.
Englert, Klaus (1984): Das Deutsche Spargelmuseum, in: Gemüse, 12, 436.
Frenz, F. W., und *Munz*, R. (1968): 1) Folienbedeckung bei Spargel, in: Gemüse, 4, 2, S. 27.
dies. (1969): Weitere Untersuchungen mit Folienabdeckungen bei Spargel auf verschiedenen Böden, in: Gemüse, 5, 5, S. 114.
Fritz/Stolz (1973): Spargel, in: Handbuch des Erwerbsgärtners, Band 9.
Hartmann, H. D. (1976): Ergebnisse der Untersuchung von Spargelböden, in: Landwirtschaftliche Forschung, Band 29, Heft 1.
ders. (1981): Die Bewässerung bei Spargel und ihre Auswirkung auf die Pflanze, in: Arch. Gartenbau, Berlin, 29, Heft 4, S. 167–175.
ders. (1982): Spargelversuche in Ingelheim, in: Der Gemüsebau (Schweiz), Nr. 12, S. 27–29; in: Der Landbote, 36, S. 370–372; in: Industr. Obst und Gemüseverwertung, 67, S. 134–136.
ders. (1984): Alterung von Spargelanlagen, in: Gartenbauwissenschaft, 49 (2), S. 68–73.
Hartmann, H. D., und *Born*, H. U. (1982): Beurteilungsmöglichkeiten der Magnesiumernährung von Asparagus officinalis L., in: Landwirtschaftl. Forschung, Band 35, Hefte 3–4.
dies. (1983): Einfluß von Mg, Ca und Al auf den Spargelertrag, in: Kali Briefe, 16 (8), S. 421.
Hartmann, H. D., und *Klapproth*, H. (1977): Spargelanbau in den Tropen. Erfahrungen und Empfehlungen, in: Der Tropenlandwirt, Okt., S. 143 ff.
dies. (1978): Cultivation of asparagus in the Tropics, in: Volume 7.
Hastreiter, Günther (1980): Spargel: Bodenschatz der Landwirtschaft, in: Schrobenhausen und seine Sparkasse, Schrobenhausen.
Hertling, Dieter (1984): Ein hessischer Geometer begründet Spargelkultur in Oberbayern, in: DVW Hessen, Mitteilungen, Nr. 1, 25.
Heymann, G. (1965): Düngung im Spargelanbau, in: Gemüse, 2, 24
von Hösslin, R., *Steib*, *Th.*, und *Mappes*, F. (1964): Der Spargel, in: Gemüsebau, S. 327 ff., München, Basel, Wien.
Huchel, A. (1931): Wieviel Ertrag bringt eine Spargelpflanze? in: Der Obst- und Gemüsebau, Sonderheft, Januar.
Janson, A. (1919): Spargel, in: Feld- und Konservengemüsebau, Berlin.
Karmann, W. (1931): Spargelrost und Spargelbau, in: Die Konservenindustrie, Nr. 12, vom 19. 03.
Kidner, Alfred (1959): Asparagus, London.
Krödel, F. (1965): Der Spargelernte folgt die Düngung, in: Hann. Landw. und Forstzeitung, 25, S. 5.
ders. (1966): Spargel im Frühjahr oder Herbst düngen? in: Hessenbauer, 4. 6.
Krünitz, Johann Georg (1773): Stichwort: Spargel, in: Oeconomische Enzyclopädie, Berlin.
Lange, H. J. (1958): Ergebnisse eines 5jährigen Spargelversuches, in: Rhein. Monatsschrift für Gemüse, Obst und Gartenbau, 46, 8.
Lieber, N. (1932): Ratschläge für Spargelbau und Spargeldüngung, in: Badische Monatsschrift vom 01. 04.
Lueder, Franz H. (1780): Spargel, in: Vollständige Anleitung zur Wartung aller in Europa bekannten Küchengartengewächse, Lübeck.
Maschmeyer (1925): Spargel, in: Die Konserven-Industrie, Braunschweig, S. 509 ff.
Michel, H. (1955): Zeitgerechte, richtige Durchführung der Düngung im Spargelbau, in: Der Gartenbau, 7, S. 135 ff.
Miller, Philipp (1769): Asparagus/Spargel, in: Allgemeines Gärtner-Lexikon, Nürnberg.
Mühle, Wilhelm (1904): Die Anlage und Kultur des Spargels, in: Rathgeber für Gartenbau, Temmesvar.
Munz, R. (1971): Spargelanbau noch lohnender betreiben, in: Der Landbote, 25, 14, S. 10.
ders. (1970): Folienabdeckung bei Spargel, in: Gemüse, 6, 12, S. 307.
ders. (1971): Spargel unter Schwarzfolie, in: Hann. Landw.- und Forstzeitung, 124, 16, S. 17.
ders. (1971): Spargeltunnel in der Diskussion, in: Der Erwerbsgärtner, 49, S. 2269.
ders. (1973): Folienspargel große Mode, in: Rhein. Monatsschrift, 6, S. 222.
ders. (1973): Arbeitsextensiver Spargelanbau gegen Stagnation in der Erzeugung, in: Der Erwerbsgärtner, 11, S. 509 ff.
Philips-Duphar GmbH (1973): Düngung von Spargelpflanzen mit Terragon-Humushorn, Bad Kreuznach.
Reichelt, K. (1942): Spargel, in: Der landwirtschaftliche Gemüsebau, 4. Aufl., Wiesbaden.
Rümpler, *Th.* (1882): Spargel, in: Illustriertes Gartenbau-Lexikon, Berlin.
Schmitt, O. (1972): Spargelsortenversuche am Oberrhein, in: Gemüse, 8, S. 137.
Schneider, Kurt (1931): Der Absatz der deutschen Spargelerzeugung, in: Blätter für landwirtsch. Marktforschung, Juni, S. 33 ff.
Scholl, W., und *Gehlkes*, H. (1972): Boden- und Standortuntersuchungen zur Klärung der Ursache der Wurzelfäule des Spargels, in: Landw. Forschung, 28, Sonderheft.
Seitz, P. (1963): Zur Düngung der Spargelanlage, in: Der Badische Obst- und Gartenbau, 12, S. 277.
Serger, H., und *Hempel*, B. (1928): Spargel, in: Konserventechnisches Taschenbuch, Braunschweig.
Stahl, M. (1970): Die Wurzelfäule des Spargels, in: Zeitschrift für Pflanzenkrankheiten und Pflanzenschutz, 77, S. 353.
Summerer, Sebastian (1983): Beim Spargel gibt es keine „Berge". Erst nach vier Wartejahren stechreif! in: Landwirtschaftliches Wochenblatt, Nr. 43, vom 29. 10., S. 19 ff.
Unterholzner, O. (1973): Inhaltsstoffe im Gemüse: Spargel, in: Der Erwerbsgärtner, 34.
Wehr, Ernst: Spargeldüngung in Stichworten, in: Kulturanweisung für Spargeljunganlagen, Ingelheim/Rhein, Oberböhl 9, ohne Jahr.
Wöbeking, Helmut (1939): Der Spargel, in: Der Feldgemüsebau der Kreise Braunschweig und Wolfenbüttel 1939, Diss., Münster.
Wuchner, A. (1972): Die Bedeutung des Phosphors bei der Düngung von Spargel, in: Der Landbote, 52, S. 8.

III. Allgemeine Spargelliteratur

Bankuti, F., *Pressler*, J. (1992): Stolz der Kurpfalz, Schwetzinger Spargel. Bilder, Gerichte und Geschichten um das königliche Gemüse. K. F. Schimper Verlag, Schwetzingen.

div. Autoren (1990): – La Coltura dell Asparago, Tecniche di Produzione Utilizzazione e Commercializzazione, Hrsg. Banka Populare di Verona.
Englert, K., *Hilgers, Th.* (1991): Der königliche Genuß. Das Spargelfestmahl bei Hofe. Schnitzkunstwerk aus dem Europäischen Spargelmuseum.
Englert, K. (1990): Spargel. Herausgegeben von Hans-Peter Wodarz, Econ, Gourmet-Verlag.
Englert, K., *Hilgers Th.* (1990): 5-Jahre Deutsches Spargelmuseum, Festschrift, Hrsg. Freunde Schrobenhausener Museen.
Englert, K., *Hilgers, Th.* (1986): Deutsches Spargelmuseum, Katalog, Hrsg. Freunde Schrobenhausener Museen.
Englert, K., *Wodarz*, H. P. (Hrsg.) (1985): Spargel – Geschichte, Anbau, Rezepte, Verlag Ludwig, Pfaffenhofen.
Fantinato, A. (1985): L'asparago bianco del Veneto, Verlag Ghedina + Tasotti, Padua.
Hartmann, H. D. (1989): Spargel. Grundlagen für den Anbau. Verlag E. Ulmer, Stuttgart.
Heller, D. (1992): Europäisches Spargelmuseum, Katalog, Hrsg. Stadt Schrobenhausen.
Prato del Carlo (1990): L'Asparago Selezione impianto e tecniche colturali, Verlag Mistral.
Seidel, Ch. F. (1782): Kurze Anweisung, den Spargel mit wenigen Kosten und zugleich vorzüglich schön zu bauen.
Voragen Thei (1988): Asparagus, Asparagus, Museumskatalog, Museum van Bommel/ van Dam, Venlo.

IV. Spargelspezialliteratur

1. Anatomie und Morphologie

Beeskow, H. (1967): Untersuchungen über die Variabilität der Andromonözie/Diözie und ihre Korrelation mit verschiedenen Ertragsfaktoren bei Spargel unter besonderer Berücksichtigung rein männlicher Sorten. Z. Pflanzenz. 58, 254–83.
Billau, W. (1986): Untersuchungen über Lokalisation und Ausmaß der Lignifizierung in Pflanzen, von Asparagus officinalis L. unter Berücksichtigung von Sorte, modifizierenden Umweltfaktoren und phenolischen Inhaltsstoffen. Diss. Universität Hohenheim.

2. Anbau und Bodenbearbeitung

Bauer, W. (1983): Mechanisierung der Spargelpflanzung in Niedersachsen. Gemüse 19, Sonderheft Spargel, 15–16.
Blaszinski, J. (1972): Verschiedene Standweiten und ihr Einfluß auf den Ertrag. Gemüse 8, 142.
Boonen, P. (1988): Spargelanbau im Blickpunkt. Rhein. Monatsschrift 76, 208–210.
Bussel, W. T. (1977): Plant density for hand-harvested asparagus. N. Z. J. Agric. 1359 16.
Van Dam, J. G. C. (1975): Bodemgeschiktheitsonderzoek in de aspergeteelt. Bedrijfsontwikk. 6, 771–778.
Van Dam, J.G.C., *Hulshof*, J. A., *Schlangen*, C. T. (1987): De involed van diepe grondbewerking op de opbrengsten van asperge in een veldpodzolgrond-Cultuurtechn-T. 269 275–284.
Franken, A. A. (1968): De Teelt van asperge. Meded. 40, Proefsstation Alkmaar.
Hoffmann, J. (1983): Tiefe Bodenbearbeitung bei Spargelneuanlagen. Gemüse 19, Sonderheft Spargel, 13–14.
Jasmin, J. J. (1981): Asparagus planting on organic soils. Proc. Amer. Soc. Hort. Sci. 81, 295–298.
Kaufmann, F. (1982): Untersuchungen zu verschiedenen Bestellmethoden bei Grünspargel. Arch. Gartenb. 30, 191–205.
Kaufmann, F., *Baronick*, W. (1984): Beeinflussung von Wachstum und Ertragsbildung durch Standraumzumessung im Feldbestand einer mehrjährigen Gemüseart (Grünspargel). Wiss. Z. Humboldt Univ. Math. Nat. R. 33, 461–465.
Lieber, D. (1930): Der Einfluß von Witterung, Schädigungen und Anbaumaßnahmen auf den Spargelertrag. Die Gartenbauwirtschaft 15–16.
Lierke, E. (1931): Ergebnisse mehrjähriger Düngungsversuche in märkischen Spargelanlagen. Der Obst- und Gemüsebau 77, 105–108.

3. Boden

Anstett, A. (1969): Les conditions agropedilogiques de la culture de l'asperge. Pep. Hort. Mar. Nr. 100, 1–16.
Born, H. U. (1981): Beurteilung und Regulierung der Magnesiumernährung des Spargels Asparagus officinalis L. Diss. Univ. Hannover.
Van Dam, J. G. C., *Hulshof*, J. A. (1967): De penetrometer als instrument voor onderzoek naar de geschiktheid van de grond voor de aspergeteelt. Meded. Dir. Tuinb. 30, 186–190.
Feuerlein, W. (1971): Geräte zur Bodenbearbeitung. Verlag Eugen Ulmer, Stuttgart, 2. Auflage.
Franken, A. A., *Van Eysinga*, R. (1958): Bewortelingsdiepte van asperge. Meded. Dir. Tuinb. 21, 491–494.
dies. (1968): De teelt van asperge. Meded. 40, Proefstation Alkmaar.
Gehlker, H. (1974): Ökologie und Parasitismus am Beispiel der Spargelwurzelfäule im Rheintal. Beitr. Naturk. Forsch. Südw. Deutschl. 33, 113–127.
Hartmann, H. D. (1976): Ergebnisse der Untersuchung von Spargelböden. Landw. Forsch. 29, 42–52.
Hartmann, H. D., *Born*, H. U., *Müller*. J. (1983): Einfluß von Mg, Ca und Al auf den Spargelertrag. Kali Briefe 16, 421–430.
Hellwig, A., *Buczak*, E., *Mutor*, R., *Szpond*, W. (1977): Influence of seedlings, manuring and soil compactness on yields of green asparagus. Bull. Warzywniczy Skierniewice 20, 139–158.
Hirsch, C. (1985): Die Stickstoffernährung des Spargels (Asparagus officinalis L.). Diss. Univ. Gießen.
Hoffmann, J. (1983): Tiefe Bodenbearbeitung bei Spargelneuanlagen. Gemüse 19, Sonderheft Spargel, 13–14.
Kaufmann, F. (1977): Intensivierung der Spargelproduktion durch Bewässerung. Gartenb. 24, 73.
Khosla, S., *Tiessen*, H. (1982): The influence of pH on plant development and composition of Asparagus officinalis. Paper presented on XXI. Int. Hort. Congr., Vol. 1, 1496.
Lieber, D. (1930): Einfluß von Witterung, Schädlingen und Anbaumaßnahmen auf den Spargelertrag. Die Gartenbauwirtschaft 15–16.
Van der Linden, L., *Laurent*, C., *Van Assche*, F. (1954): Aspergeteelt. Bedrijfsvorlichtingsdienst, Antwerpen.
Michel, H. (1969): Torfmull im Spargelbau. Gemüse 5, 120–121.
Nagels, W. (1953): Met minder kosten meer asperge. Het raadsel van de bemesting opgelost? Groenten en Fruit 8, 11.
Van Nerum, K., *Palasthy*, A. (1966): Studie van

de bodemgeschiktheit voor de aspergeteert. Agricultura 14, 251–288.
Nicolaisen, N. (1941): Ergebnisse deutscher Versuchsarbeit zu Spargel. Landw. Jahrh. 90, 430–494.
Reijmerink, A. (1973): Micro-structure, soil strength and root development of Asparagus officinialis L. on loamy sandy soils in the Netherlands. Neth. J. Agric. Sci. 21, 24–43.

4. Düngung

Aanstett A. (1969): Les conditions agropedilogiques de la culture de l'asperge. Pep. Hort. Mar. Nr. 100, 1–16.
Born, H. U. (1981): Beurteilung und Regulierung der Magnesiumernährung des Spargels (Asparagus officinalis). Diss. Univ. Hannover.
Eichholtz, G. (1982): Früherer Erntebeginn und weniger berostete Spargelstangen durch Düngung mit Hüttenkalk, Hüttenkalk Mitt. Nr. 58.
Hartmann, H. D., *Schaller*, K., *von Berlepsch*, A. (1983): Der Nährstoffentzug von Spargel. Gemüse 19, Sonderheft Spargel, 19–20.
Hartmann, H. D., *Born*, H. U., *Müller*, J. (1983): Einfluß von Mg, Ca, und Al auf den Spargelertrag. Kali Briefe 16, 421–430.
dies. (1984): Alterung von Spargelanlagen. Gartenbauwiss. 49, 68–73.
Hartmann, H. D., *Wuchner*, A., *Hermann*, G., *Hirsch*, C. (1987): Langjährige Düngungsversuche zu Spargel. Landw. Forsch. 40, 167–180.
Hirsch, C. (1985): Die Stickstoffernährung des Spargels. Diss. Univ. Gießen.
Hirsch, C., *Hartmann*, H. D. (1987): Die Auswirkung einer Stickstoffsteigerung auf die Entwicklung und den Mineralstoffgehalt von Spargel auf zwei Böden. Landw. Forsch. 40, 238–250.
Kaufmann, H. G., *Kaufmann*, F. (1967): Hinweise zur mineralischen Düngung im Spargelbau. Gartenb. 14, 160–162.
Mengel, K. (1984): Ernährung und Stoffwechsel der Pflanze. Gustav Fischer Verlag, Stuttgart, 6. Auflage.
Remy, T., *Weiske*, F. (1926): Über den Nahrungsbedarf und den Verlauf der Nahrungsaufnahme des Spargels. Landw. Jahrh. 63, 463–475.
Schweiger, P. (1983): Nitrat im Gemüse und Grundwasser. Vortragstagung 6.–7. April, Bad Honnef.
Wessels, P. H., *Thompson*, H. C. (1937): Asparagus fertilizer experiments on Long Island. Bull. Cornell Univ., Agric. Exper. Stat. Ithaca N.Y., 678.

5. Entwicklung

Huchel, A. (1931): Wieviel Ertrag bringt eine Spargelpflanze? Ein Spargelselektionsversuch. Der Obst- und Gemüsebau, Sonderheft.
Kaufmann, F., *Kaufmann*, H. G. (1967): Zur Nährstoffversorgung von Grünspargel. Wiss. Z. Humboldt Univ. Berlin, Math. Nat. R. XVI, 433–442.
dies. (1976): Zur Rationalisierung der Versuchsdurchführung bei mehrjährigen Gemüsepflanzen. Tag. Ber. Akad. Landw. Wiss. DDR, 105–110.
dies. (1982): Untersuchungen zu verschiedenen Bestellmethoden bei Grünspargel. Arch. Gartenb. 30, 191–205.
Martin, S. (1989): Untersuchungen über den Kohlenhydratstoffwechsel von Spargel (Asparagus officinalis L.) in Abhängigkeit von der jahreszeitlichen Entwicklung der Pflanze. Diss. Univ. Hohenheim.
Moon, D. M. (1976): Yield potential of Asparagus officinalis L.N.Z.J. Exper. Agric. 4, 435–438.
Unselt, G. A. (1917): Die Steigerung der Spargelerträge. Verb. dt. Gemüsezüchter, Flugschrift 4, 2–20.

6. Ernte

Benson, B. L., *Motes*, J. E. (1982): Influence of harvesting asparagus the year following planting on subsequent spear yield and quality. Hort. Sci. 17, 744–745.
Blaszinski, J. (1969): Stechzeitenversuche bei Spargel. Gemüse 5, 112–113 und 120–121.
Boonen, P. (1988): Spargelanbau im Blickpunkt. Rhein. Monatsschr. 76, 208–210.
Buchholz, H. (1931): Das Spargelstechen. Diss. Univ. Göttingen.
Hartmann, H. D., *Wuchner*, A., *Hermann*, G. (1983): Zeitbedarf beim Stechen von Spargel. Gemüse 19, 407–410.
Kaufmann, F. (1982): Untersuchungen zu verschiedenen Bestellmethoden bei Grünspargel. Arch. Gartenb. 30, 191–205.
Liebig, H. P., *Wiebe*, H. J. (1983): Vorausschätzungen von Spargelerträgen. Gemüse 19, Sonderheft Spargel, 25–26.
Nicolaisen, N. (1941): Ergebnisse deutscher Versuchsarbeit zu Spargel. Landw. Jahrh. 90, 430–494.
Pinkau, H. (1981): Bestimmung des optimalen Erntezeitpunktes bei Grünspargel. Arch. Gartenb. 29, 263–267.

7. Folien

Buschmann, H. (1983): Spargelanbau im Gewächshaus. Gemüse 19, Sonderheft Spargel, 26–27.
Deckers, T., *Lamberts*, D. (1977–1979): Trek van asperge in container. Fak. Landb. Wetensch. K. Univ. Leuven.
Franken, A. A. (1969): Results of experiments with forcing asparagus in the field. Acta Hort. 27, 197–202.
Frenz, F. W., *Munz*, R. (1968): Folienbedeckung bei Spargel. Gemüse 4, 27–29.
Granges, G. (1981): Essai d'application du film plastique transparent sur butte d'asperge. Der Gemüsebau Heft 3, 13–14.
Poll, J. T. K., *Kramer*, C. F. G. (1987): Evaluation of plastic film covering on earliness of white asparagus in the Netherlands. Asp. Res. Newsletter 5, 53–56.
Wagenvoort, W. A. (1981): Asperges forceren in trekbakken met circulerend water. Bedr. Ontwikkl. 12, 205.

8. Inhaltsstoffe

Billau, W. (1986): Untersuchungen über Lokalisation und Ausmaß der Lignifizierung in Pflanzen von Asparagus officinalis L. unter Berücksichtigung von Sorte, modifizierenden Umweltfaktoren und phenolischen Inhaltsstoffen. Diss. Univ. Hohenheim.
Challenger, F., *Hayword*, J. (1954): The occurence of a methylsulphonium derivate of methionine in asparagus. Chem. and Ind. 19, 729–730.
Gaab, B. (1982): Der CO_2-Gaswechsel vegetativ vermehrter Spargelsorten im Verlauf der Vegetationsperiode. Unveröffentlichte Diplomarbeit am Inst. f. Bot., FA Geisenheim/FHS Wiesbaden.
Hegnauer, R. (1986): Chemotaxonomie der Pflanzen. Bd. 7, Liliaceae. Birkhäuser Verlag, Basel und Stuttgart, 685–731.
Holzer, M. (1976): Schwefelhaltige Aromastoffe in Bier, Rettich und Spargel und deren Genese. Diss. TU Berlin.

Hopkins, C. Y., *Chisholm*, M. J. (1957): Fatty acids of asparagus seed oil. J. Amer. Oil Chemists Soc. 34, 477–479.
Huang, C. H. (1985): Current asparagus research in Taiwan. 6. Int. Asp. Symp. Guelph, 345–354.
Huot, L. (1853): Der verbesserte Spargelanbau. Naucksche Buchhandlung, Berlin.
Johnson, A. E., *Nursten*, H. E., *Williams*, A. A. (1971): Vegetable volatiles a survey of components identified. Part I. Chem. Ind. 46, 556–565.
Murray, K. E., *Whitfield*, F. B. (1975): The occurrence of 3-alkyl-l-methoxypyrazines in raw vegetables. J. Sci. Food Agric. 26, 973–986.
Nakamura, H. *Watanabe*, K., *Mizutane*, J. (1976): Taste substances in foods. V. Organic acids in Vegetables and sansai. Food Sci. Technol. Abstracts 10A541.
Ney, K. H., *Freytag*, W. (1982): Entstehung von Dimethylsulfid, der wichtigsten Komponente des Spargelaromas. Gordian 82, 72–77.
Wolf, J. (1941): Untersuchungen an Spargel, Ascorbinsäure. Gartenbauwiss. 15, 109–117.

9. Jungpflanzen

Kaufmann, F., *Biesel*, H. (1978): Wirkung der Präzisionssaat auf die Jungpflanzenqualität bei Spargel. Arch. Gartenb. 26, 343–348.
Khosla, S., *Tiessen*, H. (1985): The effect of pH on asparagus seed germination and plant composition. 6. Int. Asp. Symp. Guelph, 377.
Knaflewski, M. (1985): Effects of cultural practices on the quality of asparagus crowns. 6. Int. Asp. Symp. Guelph, 388–397.
Lacy, M. L. (1979): Effects of cliemical on stand establishment and yields of asparagus. Plant Dis. Rep. 63, 612–616.
Lill, R. E., *Tate*, K. G. (1982): Storage and preplant fungicide dips for asparagus crowns. N.Z. J. Exper. Agric. 10, 401–404.
Manning, W. J., *Damicone*, J. P., *Gilbertson*, R. L. (1979): Asparagus root and crown rot. Sources of inoculum for Fusarium oxysporum and Fusarium moniliforme. 5. Asp. Symp. Geisenheim, 195–204.
Ombrello, T. M., *Garrison*, S. A. (1978): Establishing asparagus from seedling transplants. Hort. Sci. 13, 663–664.
Unterecker, H. (1972): Fusarium-Wurzelfäule an Spargeljungpflanzen. Gemüse 8, 147–150.
Williams, J. B. (1979): Studies on the propagation and establishment of asparagus. Exper. Hort. 31, 50–58.

10. Klima

Blumenfield, D., *Meinken*, K. W., *Le Compte*, S. B. (1961): A field study of asparagus growth. Proc. Amer. Soc. Hort. Sci. 77, 386–392.
Ellinger, W., *Hentschel*, G. (1988): Der Spargelmarkt in Europa. Gemüse 24, 220–225.
Hartmann, H. D. (1985): Possibility of predicting asparagus yield in Central Europe. 6. Int. Asp. Symp. Guelph, 318–323.
Keuls, M., *Post*, J. J. (1965): Invloed van de temperatur op de groei van asperge. Meded. Dir. Tuinb. 19, 827–845.
Lieber, D. (1930): Der Einfluß von Witterung, Schädigungen und Anbaumaßnahmen auf den Spargelertrag. Die Gartenbauwirtschaft 15–16.
Liebig, H. P., *Wiebe*, H. J. (1982): Kurzfristige Ertragsprognosen von Bleichspargel. Gartenbauwiss. 47, 91–96.
Nicolaisen, W., *Hartmann*, H. D., *Grumblat*, W. (1956): Der Anbau von Spargel in der Bundesrepublik. Rhein. Monatsschr. 44, 261–264.
Rothenburger, W. (1966): Erntezeitspannen bei Spargel. KTBL-Bericht über Landtechnik Nr. 103.

11. Lagerung

Kaufmann, F. (1965): Die Faserigkeit von Spargeltrieben in Abhängigkeit vom Entwicklungszustand der Stangen. Arch. Gartenb. 13, 221–233.
Kaufmann, F., *Stresow*, A. (1978): Zur Beeinflussung des Gebrauchswertes von Spargel durch Verpackung und Lagerung. Arch. Gartenb. 26, 297–305.
Kramer, A., *Haut*, I. C., *Scoot*, L. E., *Ide*, L. E. (1949): Objektiv methods for measuring quality factors of raw, canned and frozen asparagus. Proc. Amer. Soc. Hort. Sci. 52, 411–425.
Lipton, W. J. (1958): Effect of temperature on asparagus quality transportation of perishables. Conf. Proc. Davis/CA, 147–151.
ders. (1965): Postharvest responses of asparagus spears to high carbon dioxide and low oxygen atmospheres. Proc. Amer. Soc. Hort. Sci. 86, 347–356.
ders. (1968): Quality of asparagus effects of maturity at harvest and high carbon dioxide atmosphere during sirnulated transit. US Dep. Agric. Marketing Res. Rep. Nr. 817.
Lougheed, E. C., *Dewey*, D. H. (1966): Factors affecting the tenderizing effect of modified atmosphere on asparagus spears during storage. Proc. Amer. Soc. Hort. Sci. 89, 335–345.
Morris, L. L., *Watada*, A. E. (1960): Elongation and bending of asparagus spears. Calif. Agr. 14, 15.
Nelson, J. W., *Drake*, S. R., *Carter*, G. H., *Early*, R. W. (1977): Fresh asparagus quality as affected by field cut and holding conditions. Coll. Agr. Res. Center, Washington State Univ. Bull. Nr. 846.
Ournac, A. (1970): Vitamines C, Bl et B2 dans les asperges. Aliment et la Vie 58, 164.
Platenius, H., *Jones*, J. B. (1944): Effect of modified atmosphere storage on ascorbic acid content of some vegetables. Food Res. 9, 378–385.
Powers, J. R., *Drake*, S. R. (1980): The effect of cut and fieldholding conditions on activity of phenylalanine ammonialyase and texture in fresh asparagus spears. J. Food Sci. 45, 509–510.
Scott, L. E., *Kramer*, A. (1949): Physiological changes in asparagus after harvest. Proc. Amer. Soc. Hort. Sci. 54, 357–366.
Sharma, S. C., *Wolfe*, R. R., *Haard*, N. F. (1975): Evaluation of methods of measuring asparagus texture. J. Food Sci. 40, 1021–1024.
Stewart, J. K., *Barger*, W. R. (1961): Effects of cooling method on the quality of asparagus and cauliflower. Proc. Amer. Soc. Hort. Sci. 78, 295–301.
Wang, S. S., *Haard*, N. F., *Dimarco*, G. R. (1971): Chlorophyll degradation during controlled atmosphere storage of asparagus. J. Food Sci. 36, 657–661.
Wolf, J. (1953): Einfluß der Gaskaltlagerung auf die Haltbarkeit von Spargel. Dtsch. Lebensmittelrundschau 49, 47–49.

12. Mechanisierung

Bauer, W. (1983): Mechanisierung der Spargelpflanzung in Niedersachsen. Gemüse 19, Sonderheft Spargel, 15–16.
Hoffmann, J. (1983): Zweireihige Spargelpflanzmaschine. Gemüse 19, Sonderheft Spargel, 16.
Kepner, R. ., O'Brien, M. (1967): Mechanical harvesting and handling of white asparagus. Trans. Amer. Soc. Agric. Eng. 10,145–149.
Knicely, D. R., *Stout*, B. A., *Ries*, S. K. (1963):

Harvesting asparagus mechanically. Quat. Bull Mich. Agric. Exper. Station 45, 652–663.
Knott, L., (1987): Die Pflanzenschutztechnik im Anbau von Spargel. Gemüse 24, 240–242.
Ledebuhr, L.; *Vanee*, G. R., *Borgmann*, B. N. (1981): Development of an asparagus plot harvester. Meeting Amer. Soc. Agric. Eng. Paper Nr. 81–1568.
Moser, E. (1984): Verfahrenstechnik, Intensivkulturen, Verlag Paul Parey, Hamburg-Berlin.
Rops, A. (1988): Technische Hilfsmittel im Spargelanbau in den Niederlanden. Gemüse 24, 240–242.
Wiesner, R. U. (1980): Erfahrungen bei der maschinellen Grünspargelernte. Gartenb. 27, 174–176.

13. Organische Düngung

Biesel, H. (1981): Zur Verwendung von Industriehumus bei der industriemäßigen Spargelproduktion. Arch. Gartenb. 29, 159–166.
Brasher, E. P. (1954): Effect of fertilizer practices, cover crops and ridge culture on the yield of asparagus. Bull. Nr. 311. Univ. of Delware Newark.
Hartmann, H. D., *Hermann*, G. (1986): Die Bedeutung der Humusversorgung beim Anbau von Spargel. Landw. Forsch. 39, 61–67.
Kaufmann, F., *Kaufmann*, H. G. (1967): Zur Nährstoffversorgung von Grünspargel. Wiss. Z. Humboldt Univ. Math. Nat. R. 16, 433–442.
dies. (1973): Zum Einsatz synthetischer Industrieprodukte als Bodenverbesserungsmittel bei Spargel (Asparagus officinalis L.) Arch. Gartenb. 21, 125–137.
Pinkau, H., *Biesel*, H. (1977): Zum Einsatz von Industriehumusstoffen bei Grünspargel. Arch. Gartenb. 25, 323–335.
Nicolaisen, N. (1941): Ergebnisse deutscher Versuchsarbeit zu Spargel. Landw. Jahrh. 90, 430–494.
Michel, H. (1969): Torfmull im Spargelanbau. Gemüse 5, 120–121.

14. Pflanzenschutz

Von Bakel, J. M. M., *Kerstens*, J. J. A. (1971): Top wilting in asparagus. Neth. J. Pl. Path. 77, 55–59.
Bussel, W. T., *Ryan*, C. L. J. (1974): Disease-tolerance of asparagus varieties. N.Z. J. Agric. 128, 27.
Fallon, P. G. (1982): Baiting, pathogenicity on distribution of Phytophthora megasperma var. sojae in New Zealand asparagus soils. N.Z. J. Agric. Res. 25, 425–429.
Fallon, P. G., *Fallon*, L. M., *Mullen*, R. J., *Benson*, B. L., *Grogan*, R. G. (1983): Effect of Phytophthora spear rot on asparagus yield. Cal. Agric. 37, 16–17.
Gehlker, H., *Scholl*, W. (1974): Ökologische Faktoren und Anbauprobleme bei der parasitären Wurzelfäule des Spargels. Z. f. Pflanzenkrankheiten und Pflanzenschutz 81, 394–406.
Hartmann, H. D., *Wuchner*, A. (1977): Die Versorgung des Spargels mit Wasser. Gemüse 13, 220–222.
Hsu, G., *Sun*, S. K. (1969): Stemblight of asparagus in Taiwan, distribution of the disease and cultural characteristics and spore germination of the causal organism, Phoma asparagi Sacc. Plant Prot. Bull. (Taiwan) 11, 47–60.
Leuprecht, B. (1988): Stenzphylliunz, eine wichtige Krankheit an Spargel. Gemüse 24, 235–236.
Stahl, M. (1970): Die Wurzelfäule des Spargels. Z. f. Pflanzenkrankheiten und Pflanzenschutz 77, 353–367.
Unterecker, H. (1972): Fusarium-Wurzelfäule an Spargeljungpflanzen. Gemüse 8, 147–150.
Weissenfels, M., *Schmelzer*, K. (1976): Untersuchungen über das Schadausmaß durch Viren am Spargel. Arch. f. Phytopathologie und Pflanzenschutz 12, 67–73.
Yang, H. J. (1979): Early effects of viruses on the growth and productivity of asparagus plants. Hort. Sci. 14, 734–735.

15. Spargelmarkt

Ellinger, W., *Hentschel*, G. (1988): Der Spargelmarkt in Europa. Gemüse 24, 220–225.
Franken, A. A. (1968): De teelt van asperge. Meded. 40, Proefstation Alkmaar.
Fuente, de la J. (1988): Situacion actual de la plantacion de esparrago en Chile y perspectivas para los proximos anos. Sem. de la Producc. de Esparragos. 19.–20. 5. 1988, Univ. Cat. de Chile, Santiago de Chile.
Hartmann, H. D., *Wuchner*, A., *Hermann*, G. (1983): Zeitbedarf beim Stechen von Spargel. Gemüse 19, 407–410.
Hendrikx, H. (1985): Economische facetten van de aspergeteelt. Overdruk weekblad Groenten en Fruit, 37–39.
Nichols, M. A. (1988): Produccion de esparragos en el mundo. Sem. de la Producc. de Esparragos. 19.–20. 5. 1988, Univ. Cat. de Chile, Santiage de Chile.
Rodriguez, J. P. (1988). Produccion de esparrago en Argentina. Sem. de la Producc. de Esparragos. 19.–20. 5. 1988, Univ. Cat. de Chile, Santiago de Chile.
Toledo, J. (1988): Produccion de esparrago en Peru. Sem. de la Esparragos. 19.–20. 5. 1988, Univ. Cat. de Chile, Santiago de Chile.

16. Unkrautbekämpfung

Alofs, W. J. (1985): Chemische onkruidbestrijding in asperge. Overdruk weekblad, Groenten en Fruitl, 18–21.
Huang, C. H. (1979): Asparagus research in Taiwan. 5. Int. Asp. Symp. Geisenheim, 240–257.
Malachowski, A. (1981): Die chemische Unkrautbekämpfung in Jung- und Ertragsanlagen des Spargels. Arch. Gartenb. 29, 269–277.
Marlow, H. (1986): Chemische Unkrautbekämpfung in der Spargelproduktion. Gartenb. 33, 74–76.
Mullen, B. (1982): Asparagus weed reseach in California. Univ. Calif. Crop Extension.
Potter, C. A., *Stadler*, L. (1985): Neue Möglichkeiten der Unkrautbekämpfung in Grün- und Bleichspargelanlagen. Der Gemüsebau, Heft 6, 19–23.
Rahman, A., *Sanders*, P. (1986): Effect of weed competition in newly established asparagus. Proc. 39th N.Z. Weedland Pest Contr. Conf., 196–199.
Sandhu, S. S., *Greig*, J. K. (1966): Effects of herbicids on asparagus and weeds and residues retained in the soil. Proc. Amer. Soc. Hort. Sci. 88, 372–377.
Yang, H. J. (1979): Effect of glyphosate on Asparagus officinalis L. shoot and root development in vitro and in vivo. 5. Int. Asp. Symp. Geisenheim, 171–179.

17. Wachstumsphysiologie

Kretschmer, M., *Hartmann*, H. D. (1979): Experiments in apical dominance with Asparagus officinalis L. 5. Int. Asp. Symp. Geisenheim, 235–239.
Lin, A. C., *Tsai*, Y. Z. (1976): Studies on the photosynthesis and respiration of asparagus. J. Agric. Assoc. China Nr. 94.
Mahotiere, S. (1976): Response of asparagus crowns to Ethephon and Gibberelic acid. Hort. Sci. 11, 240–241.

Matsubara, S. (1980): ABA-content and levels on GA-like substances in asparagus buds and roots to bud dormancy and growth. J. Amer. Soc. Hort. Sci. 105, 527–532.
Sawada, E., *Yakuwa*, T., *Imakawa*, S. (1962): On the assimilation of asparagus ferns. XVI. Int. Hort. Congr. Vol. 11, 479–483.
Yanagawa, H., *Kato*, T., *Kitahara*, Y. (1972): Asparagusic acid, dihydroasparagusic acid and s-Acetyldihydroasparagusic acid, a new plant growth inhibitor in etiolated young asparagus. Tetrahedron Letters Nr. 25, 2549–2552.

18. Wasser

Hanna, G. C., *Doneen*, L. D. (1958): Asparagus irrigation studies. Cal. Agric. 12, 8–15.
Hartmann, H. D. (1981): The influence of irrigation on the development and yield of asparagus. Acta Hort. 119, 309–316.
Kaufmann, F. (1965): Zur Beregnungswürdigkeit von Grünspargel auf leichten Böden. Gartenb. 12, 97–99.
ders. (1977): Intensivierung der Spargelproduktion durch Bewässerung. Gartenb. 24, 73–74.
Rops, A. (1988): Technische Hilfsmittel im Spargelanbau in den Niederlanden. Gemüse 24, 240–242.
Thicoipe, J. P., *Adam*, D., *Zuang*, H. (1977): Les besoins en eau de l'asperge. Pep. Hort. Mar. Nr. 177, 23–25.
Wilcox, D. (1985): Relationship between soil matric potential fern xylem potential and growth in asparagus. 6. Int. Asp. Symp. Guelph, 277–286.

19. Züchtung, Sorten, Saatgut

Andreassen, D. C., *Ellison*, J. H. (1967): Root initiation of stem tip cuttings from mature asparagus plants. Proc. Amer. Soc. Hort. Sci. 90, 158–162.
Beeskow, H. (1967): Untersuchungen über die Variabilität der Andromonözie/Diözie und ihre Korrelationen mit verschiedenen Ertragsfaktoren bei Spargel unter besonderer Berücksichtigung der Züchtung rein männlicher Sorten. Z. Pflanzenz. 57, 254–283.
Böhne, F. (1977): Männliche Spargelpflanzen im Anbau. Gemüse 13, 216–220.
Bussel, W. T., *Nikoloff*, A. S., *Mackintosh*, B. L., *Ellison*, J. H. (1981): Performance of Rutgers asparagus hybrids in New Zealand. N.Z. J. Exper. Agric. 9, 205–207.
Corriols-Thevenin, L. (1979): Different methods in asparagus breeding. 5. Int. Asp. Symp. Geisenheim, 8–20.
Dirks, V. A., *Nutrall*, V. W. (1982): Factors effecting yield and vigor in asparagus cultivars in southwest Ontario. Can. J. Plant Sci. 62, 759–763.
Falavigna, A., *Tacconi*, M. G., *Casali*, P. E. (1985): Asparagus breeding through anther vitro culture, eight years of activity in Italy. 6. Int. Asp. Symp. Guelph, 31–40.
Franken, A. A. (1969): Geslachtskenmerken en geslachtsovererving bij asparge. Meded. 48, Proefstation Alkmaar.
Gottwald, J. (1968): Die Entwicklung von leistungsfähigen Populationen des Spargels Asparagus officinalis und deren Bedeutung für Pflanzenzüchtung und Gemüsebau. Diss. Univ. Halle.
Hartmann, H. D. (1984): Die Alterung von Spargelanlagen. Gartenbauwiss. 49, 68–73.
ders. (1987): Evaluationen of asparagus cultivars in the course of a long-term experiment. Asp. Res. Newsletter 4, 20–29.
Hondelmann, W., *Wilberg*, B. (1973): Die Züchtung einer rein männlichen Spargelsorte als Beispiel für die Antheren- und Gewebekultur. Z. Pflanzenz. 69, 19–24.
Kappert, H. (1941): Willkürliche Änderung des Geschlechtsverhältnisses und ihre Auswirkung in der Pflanzenzüchtung. Umschau 45, 772.

VII. Spargel-Spezial-Kochbücher

Adam, *Hans Karl* (um 1960): Spargel, du meine Wonne, Porta-Verlag, München.
Basten, W. (1984): Asperges van bed tot bord. Een Kookboek boordevol nieuwe recepten. Verlag De Mercuur, Venlo.
Bührer, *Peter* (1985): Spargel ist einfach Spitze, BLV-Verlag München-Wien-Zürich.
Dengler, *Ilse* (o. J.): Spargelgerichte, Verlag Ilse Dengler.
div. *Autoren* (1987): Asparagus all ways ... always. Cookbook. USA, Stockton – Asparagus Festival, California.
Kellermann, M. (1990): Spargel – Die besten Rezepte und Einkaufstips, Mosaik Verlag.
Kirsch, M. (1989): Schlank und köstlich. Verlag Falken, Niedernhausen.
Reich, *Carola* (1992): Spargel – klassisch, exotisch, international. Verlag Ceres, Bielefeld.
Reimers, *Emil* (1971): Das Spargel-Kochbuch, Heyne-Verlag, München.
Stein, *Bernhard* (1982): Schwetzinger Spargelbuch, Schimper-Verlag, Schwetzingen.
Stein, *Bernhard* (1991): Spargel – Wissenswertes über Spargel mit 100 Rezepten. Verlag Hugo Mattaes, Stuttgart.
Wodarz, *Hans-Peter* (Hrsg.) (1990): Spargel, Econ-Verlag.
Wolter, A. (o. J.) Spargel leicht gemacht. Tips und Rezepte. Verlag Gräfe und Unzer.

VIII. Sonstige Spargelliteratur: (Sonderabhandlungen)

Ruck-Pauquet, *Gina* (1970): Mit Spargel schießt man keine Hasen, (Kinderbuch), Ravensburg.
Siebeck, *Wolfram* (1980): Spargel ist einfach Spitze! in: Playboy, Heft 5, S. 112 ff.
Winkler, *August* F. (1984): Am Spargel scheiden sich die Geister, in: Diners Club Magazin, 5/84, S. 23.

Die Autoren

Hans-Peter Wodarz, Begründer des bekannten Restaurants „Die Ente vom Lehel" und immer auf der Suche nach neuen Ideen, kreierte eine andere Art von Rezeptbuch: Den **Kunst-Kochband**. Und mit Hilfe eines Autorenteams, das sich nicht nur ideal ergänzt, sondern vor allem zu den führenden Spargelkennern in Europa zählt, setzte er mit dem vorliegenden Bildband diese Ideen in den Dimensionen zwischen Kunst, Kult, Kultur und Küche um.

Dr. *Klaus Englert*, Kulturreferent der Stadt Schrobenhausen, Sach- und Fachbuchautor sowie Begründer des Spargelmuseums, bereitete mit mehreren Büchern zum Thema den Boden für diesen Band.

Doris Heller M.A., Kunsthistorikerin, konzipierte die Präsentation des Europäischen Spargelmuseums in Schrobenhausen, das zu den besten Spezialmuseen des Kontinents gehört.

Ludwig Grieser, Chef des Restaurants gleichen Namens in Schrobenhausen, zählt zu den Meisterköchen Deutschlands. Mit dem Beitrag in diesem Band setzt er seinen Büchern zum Thema Fisch und Meeresfrüchte eine Krone in Form des königlichen Gemüses auf.

Dr. *Kurt Sauer*, als Künstler KUSA bekannter Arzt aus Maximiliansau, hat nicht nur eine besondere künstlerische Affinität zum Spargel entwickelt, er wandte sich vielmehr auch den typischen Landschaften der Anbauländer in Form herrlicher Aquarelle zu.

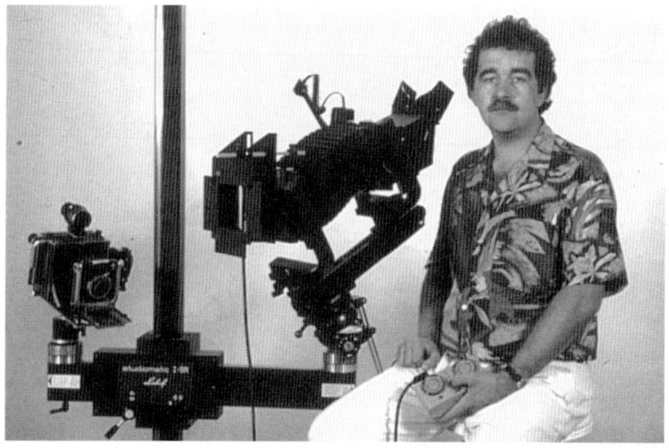

Günther F. *Hastreiter*, vielbeschäftigter Journalist und Fotograf, steht seit über 15 Jahren alljährlich an der „Spargelfront", wenn die grünen und weißen Stangen die Käufer in Scharen zu den bekannten Anbaugebieten in der Welt locken.

Theo Hilgers und seine Frau *Renate* betreuen seit vielen Jahren die außergewöhnliche Sammlung des Europäischen Spargelmuseums. Ihr Fundus an Spargelliteratur und -wissen ist unerschöpflich und war für diesen Bildband unersetzlich.